ALFRED WEBER

DIE NOT DER GEISTIGEN ARBEITER

1 9 2 3

Duncker & Humblot, München und Leipzig

Alle Rechte vorbehalten

Copyright by Duncker & Humblot,
München and Leipzig 1923

Altenburg, S.-A.
Pierersche Hofbuchdruckerei
Stephan Geibel & Co.

Vorbemerkung.

Dieser Vortrag wurde in etwas kürzerer Form auf der Jubiläumsversammlung des Vereins für Sozialpolitik am 21. September dieses Jahres gehalten. Die deutsche Katastrophe ist seitdem mit Riesenschritten weitergegangen; — die Tragik der geistigen Arbeiter folgt ihr wie ihr immer größer werdender Schatten. In diesem Schatten steht das, was hier gesagt ist. Er kann das große Problem nur andeuten, nicht erschöpfen. Da aber die Problematik des Geistigen und seiner Existenzbedingungen eins der wenigen Dinge ist, dessen Beeinflussung wir Deutschen von unserem Dasein vielleicht noch teilweise in der Hand haben, so rechtfertigt es sich wohl, mit diesen Erörterungen auch gesondert vor die Öffentlichkeit zu treten. Der ursprüngliche kürzere Inhalt und die Aussprache darüber erscheinen in dem Bericht über die Versammlung des Vereins in dessen Schriftenreihe.

Heidelberg, Dezember 1922.

Alfred Weber.

Vor einer Versammlung wie der Ihrigen im gegenwärtigen zeitgeschichtlichen Moment über Not der geistigen Arbeiter zu sprechen, scheint zu heißen, Eulen nach Athen tragen. Wir alle hier sind geistige Arbeiter. Wir kennen die Verhältnisse, zum mindesten diejenigen in Deutschland und Österreich, aus leider nur zu guter Erfahrung. Rings um uns ein geistiges Sterben, das Eingehen von Zeitschriften und Zeitungen, die wachsende Schwierigkeit der Publikation wesentlicher geistiger Dinge; die Institute, von denen die geistige Arbeit mit lebt, die Bibliotheken, großen Forschungsanstalten zum guten Teil nur noch durch freiwillige Gaben gehalten, von denen niemand weiß, wie lange sie fortgewährt werden können, nur durch Stützungsaktionen des Auslands noch imstande, den Ertrag der Forschungsarbeit der Welt über die Valutaschranken hinweg sich anzueignen und nutzbar zu machen, ganz zu schweigen von der Möglichkeit einer Fortsetzung der früher ruhmreichen Mitwirkung an der großen internationalen wissenschaftlichen Aufschließungsarbeit in der Welt. Wie die geistige Gesamttätigkeit, so jeder einzelne von uns eingesperrt in unser kleines, von riesigen Valutaeinhegungen umspanntes Gebiet; die bisherigen geistigen Mitarbeiter, die man hatte, heute bereits in vielfach unerhörtem Grad sozial deklassiert, manche bis auf die letzte Stufe des Existenzminimums hinuntergeworfen, fast alle nicht mehr mit den Mitteln ausgestattet, die nötige Substanz für starke geistige Produktivität an sich zu ziehen, Reisen, Verkehr, Korrespondenz aufrechtzuerhalten, gelähmt, gehemmt, in den Flügeln gebrochen durch die lawinenartig schwellende materielle Sorge, die über uns liegt. Kurz, wir alle inmitten eines Zustands, in dem das Geistige in der Sandwüste der ökonomischen Not zu versickern, blutleer und anämisch zu Boden zu fallen droht. Wir hier gehören noch zu den Glücklichen, die sich bisher durchgerettet haben;

aber wir wissen, was um uns vorgeht. Es ist ein Leichengeruch, den wir verspüren. — Wir fragen: soll die deutsche geistige Arbeit verkommen? Es ist uns gleichgültig, wenn wir so fragen, ob dabei der Anschein entsteht, dass wir pro domo sprechen. Mögen wir es tun. Wir sprechen in Wahrheit nicht für uns, sondern für die Zukunft, für den Nachwuchs des Geistigen, für ein letztes Gut der Nation. Auch wird sich zeigen, wir reden dabei nicht einmal für die Verhältnisse in Deutschland und Österreich allein. Die Frage des Schicksals der geistigen Arbeiter ist heute ein Weltproblem, wie alle Kriegsfolgen in abgestuftem Grad eingebettet in die allgemeine Krise, in der sich zurzeit alles befindet. Wir müssen in gewissem Grad den Raum dieser Krise abschreiten, um zu erkennen, was geschieht.

I

Wofür interessieren wir uns, wenn wir von der Notlage der geistigen Arbeit heute reden? Offenbar nicht für jede Art Arbeit, die man landläufig so bezeichnen kann. Die Arbeit z. B. des Postschaffners, die auch eine geistige Tätigkeit ist, in allen Ehren; aber sie meinen wir ganz zweifellos doch nicht. Wir interessieren uns nicht für irgendwelche Arbeit, die einfach mit geistigen Mitteln durchgeführt wird, sondern augenscheinlich nur für die, welche am Geistigen selber stattfindet, auf das Geistige als solches gerichtet ist, welche den Hintergrund, den allgemeinen geistigen Kosmos aufbaut, der hinter unserem Dasein, hinter Staat und Gesellschaft steht, ihre geistige Unterlage, das Fundament unseres Seins bedeutet sowie auf der anderen Seite den höchsten seelischen Ausdruck unserer Existenz. Nur die Situation der Arbeiter an diesem geistigen Ganzen, der „Geistesarbeiter" in diesem engeren Sinne, macht uns Sorge. Das heißt soviel wie: — ohne daß wir damit irgendeine Rangierung vornehmen, nur zu dem Zweck der klaren und eindeutigen Abgrenzung des Problems, mit dem wir es zu tun haben — alle Arbeit, auch solche mit geistigen Mitteln, die im Lebenskörper nur ausführend und durchführend ist, alle reguläre Vollzugsarbeit im Rahmen des gesellschaftlichen Seins geht uns dabei nichts an; weder die Arbeit des ausführend eingefügten technischen, noch industriellen, noch kaufmännischen Angestellten, noch die der breiten Masse der mittleren und unteren Beamten, die auch ihre Probleme hat. Sie geht uns nichts an, nicht nur deswegen, weil in der Tat die Mitarbeit am geistigen Hintergrund des Daseins und an dessen seelischem Ausdruck etwas anderes ist als jene funktionale Durchführungstätigkeit, sondern, das ist das Entscheidende, weil ihr Problem und die Gefährdung der in dasselbe verwickelten Schichten ein anderes ist, etwas Verschiedenes hier und dort. Die Arbeit am geistigen Hintergrund der Gesellschaft, die eigentlich produktive geistige und künstlerische Tätigkeit ist durch alle Geschichte gewesen und muß sein in erster Linie einfach und rein notwendige seelische Entladung produktiver Geister, die ihrer Natur nach ganz im Allgemeinen leben. Sie war und ist, soweit sie mit den tragenden gesellschaftlichen Kräften in Berührung tritt, nicht ausgerichtet und darf nicht ausgerichtet sein auf Geld; ja selbst Ehrgeiz und Ehre und Berufseinspannung in bestimmter engerer Form sind ihr nach ihrem Wesen gefährlich. Das Ökonomische aber darf nur der notdürftige Schemel sein, auf den sie sich niederlassen kann, wenn sie müde ist. Sie ist entstellt und entwertet, wird sie Geldberuf. Der Künstler oder Gelehrte, der nach Geld geht, wird ein Lump; und auch den Schriftsteller, den Journalisten, den Arzt, den Rechtsanwalt, für den die Geldfrage eine entscheidende Rolle spielt, halten wir für gefährdet. Und ebenso umgekehrt: der Wert dieser geistigen Arbeit für die Gesamtheit ist nicht errechenbar, nicht quantifizierbar, nicht meßbar. Sie kann in weiten Teilen, soweit sie Kunst, Literatur, reine Wissenschaft ist, als etwas für das Leben Überflüssiges erscheinen, etwas, was man abbauen oder verfallen lassen kann, ohne zugrunde zu gehen oder auch nur in seiner Behaglichkeit gestört zu sein. Was ist der Lebenswert, so scheint es, von irgendwelchen Ausgrabungen, die wir in den Geschichtsfeldern der Antike vornehmen, von dem Entstehen eines Bildes, eines Gedichts usw.?

Dies: die Inkommensurabilität der geistigen Arbeit mit praktischen Werten und das Ausgerichtetsein dieser Art Arbeit auf Werte, die keine Meßbarkeit besitzen, das ist dasjenige, was ihr Problem schafft in einer Zeit, wo die Not das Leben anscheinend auf das Praktische und daher Meßbare einschränkt und zurückführt. Von daher versteht man auch, daß es innerhalb des Problems der Not der geistigen Arbeit wahrscheinlich Abstufungen geben wird, Gradunterschiede, je nachdem die in Frage stehende Tätigkeit mit dem praktisch und letztlich dann auch irgendwie ökonomisch Errechenbaren in näherer oder fernerer Berührung steht, je nach ihrer sichtbareren oder weniger deutlichen Umsetzbarkeit in praktische Werte. Es ist anzunehmen, daß die Problematik der erfindenden Techniker und Ingenieure, die der sonst organisierenden und gestaltenden Kräfte, die mit der Wirtschaft in Verbindung stehen, alles durchaus letztlich Geistesarbeiter in unserem Sinne, heute geringer sein wird, als die derjenigen Schichten, welche sich nur in der anscheinend rein geistig bleibenden Atmosphäre bewegen. Jedenfalls: wenn wir von Not der geistigen Arbeit reden, so haben wir ganz offenbar mit Recht in erster Linie diejenigen Schichten vor Augen, die wir zurzeit bezeichnen als Schriftsteller und Journalisten, als Künstler und Gelehrte, als höhere Beamte und Geistliche, vielleicht weniger aufdringend schon die Kreise der Ärzte und Rechtsanwälte, die praktisch heute auch sehr stark gefährdet sein mögen und sicher sind, aber wegen ihrer selbstverständlichen Lebensbedeutung auf die Dauer prinzipiell doch nicht in der gleichen Weise wie die erstgenannten, und noch weniger vermutlich die Schichten der Techniker, praktischen Ingenieure und anderer geistig führender, unmittelbar in das ökonomisch Meßbare mit ihrer Arbeit eingreifender Elemente.

Interessieren wir uns nun dabei bloß für das Schicksal der einzelnen wenigen produktiven Geister großen Stils? Offenbar nicht. Vielmehr haben wir ein undeutliches, nur näher zum Bewußtsein zu bringendes Gefühl, daß uns das Geschick einer ganzen Sphäre bewegt, einer geistigen Sphäre, die irgendwie auch äußerlich in das gesellschaftliche Ganze eingefügt ist, als solche eine soziale Kategorie darstellt, und die wir hier zunächst einmal ganz verschwommen, um irgendeinen Umriß zu gewinnen, die „Bildungsschicht" des sozialen Körpers nennen wollen. Es wird sich zeigen, die Frage nach der Not der geistigen Arbeiter ist nicht allein die Frage der Journalisten, Schriftsteller, Künstler und Gelehrten usw., sondern das Problem dieser Bildungsschicht und ihrer sozialen Eingliederung. — Aus dieser Bildungsschicht wachsen die Vertreter der Berufe, die ich nannte, hervor, wenigstens soweit es sich um ihren Durchschnittstyp handelt; die ganz großen Männer kommen zum Glück überall her, durchbrechen die sozialen Wände und sind innerhalb des Geistigen plötzlich wie Meteore vorhanden. Aber auch sie stehen so wie der geistig produktive Durchschnitt mit jener Bildungsschicht in ihrer Tätigkeit in einer unentbehrlichen dynamischen Beziehung. Diese Bildungsschicht ist der Mutterboden, in dem sich die geistige Substanz fortpflanzt, die von den großen und kleineren Produktiven aus immer neuem Erleben der seelischen und sachlichen Problematik der Zeit erneut gestaltet und fortgebildet wird. Diese Schicht ist das erste Publikum, auf das sich dies Arbeiten bezieht, das es fördert und anregt. Sie ist zugleich der Teil des gesellschaftlichen Ganzen, der das neue Geistige zuerst in sich weiter verarbeitet, es im einzelnen forttreibt und popularisiert. Ihr Schicksal und das der eigentlich geistig Produktiven sind korrelativ. Sie sind verbunden. Man kann nicht von dem einen sprechen, ohne von dem anderen zu handeln. Soziologisch sind sie ein und dasselbe.

Sehr scharf ist dabei zu betonen, diese Bildungsschicht ist in ihrer heutigen Gestalt und Einfügung in den Volkskörper in allen modernen Staaten nichts irgendwie sozial Abgeschlossenes, vielmehr etwas verschwimmend und undurchsichtig Eingeflochtenes, mit anderen Schichtungen Verwachsenes. In unklarer Form stellt sie eine Art von Pyramidenbau kultureller Rezipienten dar, bei dem keineswegs jeder der produktiven Geister in erster Linie oder allein mit den obersten Teilen der Pyramide in Verbindung steht, denen, welche die Kulturtradion gleichsam in ihrer Totalität und letzten Durchbildung in sich tragen. So sehr wir den guten Kinoschauspieler begrüßen, er arbeitet vielleicht doch mehr für die mittleren und unteren Schichten der Pyramide, als für die oberen. Und andererseits, die höchste Schichtung, die eigentliche Bildungs- und Ideellenschicht im engeren Sinne, ist keineswegs — das muß gleichfalls hervorgehoben werden, um einem Mißverständnis vorzubeugen — identisch mit den Schichten der „akademisch Gebildeten". Man kann alle Paragraphen aller Gesetzbücher im Kopf haben, alle Formeln der Physik und Chemie beherrschen, alle Operationen des Chirurgen glänzend ausführen und braucht doch nicht zu den Kreisen jener kulturproduktiv wirkenden Rezipienten zu gehören, die den eigentlichen Kern der Bildungsschicht ausmachen. Und kein Maturum sowie kein Doktor ist auf der anderen Seite zum Glück notwendig, um Frauen im höchsten Maß in diesem inneren Kerne bildungsmäßig wirksam sein zu lassen. Akademische Bildung ist heute Fortführung des zivilisatorischen Wissensstroms, der durch unsere Zeit hindurch geht, der sie mit trägt und vor Unterschätzung ganz gewiß geschützt sein soll. Hier aber handelt es sich um etwas anderes, um die Fortführung des geistig Produktiven, das aus dem Seelischen erfließt, Kulturtradition zur Unterlage hat und für welches das zivilisatorische Wissen und das „Bildungserlebnis" nur von ganz verschiedener, abgestufter Bedeutung, in manchen, vor allem manchen künstlerischen Teilen sogar belanglos sein kann.

II

In allen Geschichtskörpern, die Kultur in sich entwickelt haben, hat es eine Bildungs- und Ideellenschicht gegeben, der die Aufgabe zufiel, die kulturtraditionellen Unterlagen dieser so umrissenen Art von geistiger Arbeit in sich fortzuleiten, und mit der sich die schöpferischen Geister in der genannten dynamischen Beziehung befanden. Es konnte sein, daß diese Aufgabe rechtlich und berufsmäßig fixierten und abgesonderten Schichten oder Kasten übertragen war, wie dem Mandarinentum in China, dem Brahmanentum in Indien, der gelehrten Schreiberschicht im alten Ägypten und Vorderasien. Sie konnte in der griechisch-römischen Antike, innerhalb der wundervollen Flüssigkeit und Beweglichkeit alles Gesellschaftlichen und Geistigen, einfach von einer de facto vorhandenen Schicht vornehmer Freier erfüllt werden, die sich körperlich in Gymnasien, musisch in den Sophisten-, Philosophenschulen, in Rom in den Rhetorenschulen ausbildeten und zusammenfanden. Im germano-romanischen Mittelalter schob sich entsprechend der unaufhörlich fortgehenden sozialen und wirtschaftlichen Umschichtung und Schwerpunktverschiebung immer wieder eine neue gesellschaftliche Schicht als ihr Träger vor. Sie lag nacheinander und in fortschreitender gegenseitiger Ergänzung in den Händen von Klerikern, adligen Rittern, Spitzen des Handwerksbürgertums (Schuhmacher und Poet zugleich!), des Patriziats, woneben dann die Scholaren, Magister, Doktoren und Professoren der seit dem 12. Jahrhundert entstehenden Universitäten als lehrhafte Ergänzung traten. In der Renaissance ward sie zeitweise von einer bestimmten Form klassischer Bildung gewissermaßen monopolisiert, wobei sich auf der anderen Seite doch gerade damals gleichzeitig in der aufgelösteren und stark zusammengesetzten Gesellschaft der italienischen Städterepubliken, der großen und kleinen Höfe zum erstenmal der spezifisch moderne Typ, der von Standes- und Klassenunterschieden unabhängige Bildungstyp herausbildete; jener Typ, der dann an den Höfen und in den Salons des Barock und des Rokoko fortlebte und zusammen mit der urbanisierten agraren Rentenaristokratie die letzte anschaulich sichtbare, durch persönliche Bande zusammengehaltene gesellschaftliche Organisation der Bildungselemente in der europäischen Geschichte dargestellt hat. Hinter dieser stand damals schon das allgemeine, nur noch durch Druckerschwärze zusammengehaltene „anonyme Publikum" als eigentlicher breiter genereller Kulturträger der Zeit, ganz gleich, so oder so organisiert, in dieser oder jener Art in das Ganze eingeflochten. Jedenfalls, eine derartige kulturtragende Bildungsschicht war als etwas Besonderes immer da. Es wäre ein furchtbarer pseudodemokratischer Irrtum, zu glauben, sie wäre als ein wirklich funktionales, gedanklich scharf abzusonderndes Element unseres geistigen und gesellschaftlichen Lebens etwa heute nicht vorhanden, oder sie wäre als ein solches zu entbehren.

Das Besondere der heutigen Lage ist: Wir haben eine unplastische und abstrakte Qualität der kapitalistisch-mechanistischen Gesellschaft. In ihr ist sie gewissermaßen für die grobe Anschauung unsichtbar geworden. Die gesellschaftlich sichtbare persönliche Organisation, die in den Salons und Höfen des ancien régime ihre anschauliche Spitze bildete, ist zusammengebrochen; es ist nur das früher schon dahinterstehende anonyme Publikum geblieben, das Publikum der Zeitungen, Zeitschriften, Bücher, Theater, Konzertsäle, Ausstellungen, Museen, aus dem man nur gelegentlich einmal mit Hilfe irgendwelcher lockeren Organisationen oder Vorträge, Konzerte u. dgl. die eigentlichen Bildungselemente zusammenrafft. Diese Bildungselemente sind trotzdem als etwas Besonderes mit eigenem Leben da. Der Hochkapitalismus der Vorkriegszeit hat ihnen sogar weitgehend wieder eine eigenartige neue gesellschaftliche Eingliederungsform geschaffen. Er hat mit der Bildungsschicht, die als Landaristokratie, städtisches Patriziat, beamtetes weltliches und geistliches Bürgertum nach dem Zusammenbruch der höfischen Gesellschaft übrig geblieben war, zweierlei gemacht. Ihre mit dem praktischen Leben in naher Beziehung stehenden, in dasselbe eingeflochtenen Teile hat er in das Auf und Ab seiner Krisen und Konjunkturen hineingeschleudert, den Landedelmann zum Großagrarier, den Patrizier zum Großbourgeois verwandelt und beide, indem er sie ganz ökonomisierte und in die Hetze des modernen Erwerbslebens hineinwarf, kulturell sehr stark denudiert. Die geistig gesättigte Atmosphäre des Patrizierhauses von „Soll und Haben" und — der moderne Großindustrielle, der, durch die Verhältnisse gezwungen, von morgens bis abends am Telephon hängt, in Konferenzen steckt und geistig daher nach seinen Möglichkeiten meist kaum viel mehr Inhalt als sein Hauptbuch haben kann; das pietistisch und romantisch angefüllte Junkertum der Zeit der Jugendbriefe Bismarcks und — die um Preise und Getreidezölle kämpfenden Agrarier seit den siebziger und achtziger Jahren. Und diese Entleerung vom Geistigen, die aus der Dynamik der neuen Wirtschaft und dem neuen Lebenstempo folgt, ist in einer Art von Ansteckung leider auch auf große Teile des hohen Beamtentums übergesprungen: der Geheimrat, der von morgens 9 bis abends 8 Uhr über seinen Akten sitzt —, es soll in Deutschland sogar derartige Minister geben — kann unmöglich noch in wesentlichem Maße als Rezipient kulturproduktiv sein, überhaupt einen starken geistigen Faktor bilden. Von dem heute so weitgehend vertrockneten Pfarrertum will ich ganz schweigen.

Dies ist das eine. Der Hochkapitalismus, der so dort, wo dies durchgriff, die alte Bildungsschicht verdorren ließ, hat aber auf der anderen Seite eine Art von Zufluchtsstätte des Geistigen geschaffen, indem er aus der zweiten und dritten Generation der aufkommenden Großbourgeoisie eine meist nicht mehr aktiv im Erwerbsleben stehende, im ganzen nur noch rentenmäßig mit ihm verknüpfte Vermögensschicht absetzte, die — man denke an die Figur Tonio Krögers — einen eigenen neuen Typ der Bildungs- und Ideellenschicht aus sich herausgestellt hat: das, was wir das moderne Intellektuellentum nennen.

Das moderne Intellektuellentum ist wirtschaftlich-sozial fast durchgängig Rentenintellektuellentum. Es sitzt auf einem kleinen oder mittleren beweglichen Vermögen, in seiner großen breiten Masse nicht so, daß ihm Beruf und Verdienst erspart bliebe, doch derart, daß dieses Vermögen im ganzen einen Teil des Hintergrundes bildet, der es ermöglicht, die lange Vorbildungs- und dann auch Karenzzeit bis zum Vollverdienst aus geistiger Tätigkeit zu überwinden. Indem das Vermögen später den Vollverdienst ergänzt, ist es gleichzeitig die Freiheitsunterlage dieser Schicht gegenüber der Tyrannei der Stellung oder der Aufgabe, in die man eintritt. Es ist die Basis, auf der die Berufe, an die wir denken, wenn wir heute von der Not der geistigen Arbeiter sprechen, erst in ihrer heutigen Gestalt zur gegenwärtigen Gliederung und breiten Ausdehnung herausgewachsen sind. Ihr Schicksal ist ein Teil des Problems des Rentenintellektuellentums oder richtiger: das Schicksal des Rentenintellektuellentums enthält einen guten Teil des heutigen Problems der Not der geistigen Arbeit.

Jedenfalls war die auf dieser Art der Eingliederung beruhende Intellektuellenschicht in der Zersetzung, die der Hochkapitalismus vermöge seiner alles durchdringenden Ökonomisierung sonst in das Geistige trug, noch die fast einzige, leidlich unabhängige Insel außerhalb der Klassen- und Interessengegensätze, ein Asyl der überökonomischen Ideen- und Gedankengänge, die verblieben. Niemals wäre sozialreformatorische und sozialistische Kritik des Kapitalismus als dauernde Geistesströmung in der zweiten Hälfte des 19. Jahrhunderts möglich gewesen ohne ihre Existenz; die Arbeiter wären wahrscheinlich führerlos gewesen. Und noch heute läßt sich weitgehend eine eigenartige Symbiose zwischen Rentenunterlage und einem häufig sogar ganz extremen ökonomisch- und politisch-kritischem Radikalismus feststellen. Der kommunistisch oder radikal-sozialistisch gestimmte Rentenintellektuelle war ja in der Revolution bei uns ein »Typus«. Aber ganz allgemein gesprochen: Das Rentenintellektuellentum im ganzen bildete gleichzeitig, auch trotz aller inneren Gegensätze, immer noch eine Art von geistiger Einheit, auf die sich die geistige und künstlerische Produktion in der allgemeinen Auflösung als auf ihr erstes und wesentlichstes Publikum beziehen konnte; eine Welt, die durch ihre mehr oder weniger geschlossene Stellungnahme sogar, wenn sie in gewissen zeitgeschichtlichen Momenten aus ihrer Anonymität einmal hervortrat, als ideelle Kollektivität noch wirken konnte. Ich fasse das Zusammentreten der sozialpolitisch-interessierten deutschen Kreise zum Verein für Sozialpolitik im Jahre 1872 als ein solches gemeinsames Hervortreten der Intellektuellen auf. Die Dreyfußaffäre Frankreichs ist in keiner anderen Weise zu begreifen als so und das zeitgeschichtlich größte Beispiel dafür.

Man wird an dieser Art von Eingliederung vieles aussetzen können. Sie führte in vielen Teilen dieser so eigenartig vom ökonomischen Ertrag der eigenen Arbeit ganz oder teilweise freigesetzten geistigen Kreise, vor allem in großen Teilen des Schriftsteller- und Künstlertums, zu starker Lebensunverbundenheit, Bohème-Verhalten und Literatentum, zu einer Lebensattitüde, die uns in Deutschland am klarsten bei dem Worte »Schwabing« vorschwebt. Als es sich um praktisches Handeln der deutschen Geistigen in unserem Zusammenbruch handelte, hat dieser Teil von ihnen in noch schwererem Maße durch eine wirklichkeitsfremde Verstiegenheit versagt als in den Zeiten vorher der andere, der sich den »Gegebenheiten« leider allzu nachgiebig gefügt hatte. Trotz allem aber, trotz aller schweren Mitschuld unserer Intellektuellen an unserem deutschen Schicksal, war, allgemein gesprochen, bei dieser Art der vermögensunterbauten sozialen Eingliederung der geistigen Arbeit doch vor allem eine breite und sichere Freiheitsbasis für Idee und ideelles Sein vorhanden, von deren Schicksal man vor allem auszugehen hat, wenn man den richtigen Eingang in das Gesamtschicksal der geistigen Berufe nach dem Kriege finden will.

Man muß sich dabei, um dies heutige Schicksal richtig zu sehen, klar machen: der Vermögenshintergrund, der, wie ich sagte, regulärer Weise Vorbildungs- und Karenzzeit bis zum Vollverdienst überwinden half und Freiheitsfond war, wirkte auch auf die übrige ökonomische Eingliederung, d. h. den Vollverdienst. Es ward Gewohnheit, auch diesen Vollverdienst mit Rücksicht auf ihn zu gestalten, hier mehr, dort weniger, zum Teil bis zu der Konsequenz, daß das Arbeitseinkommen beinahe nur wie ein Zuschuß zur Vermögensposition erschien. Von „Stars" abgesehen, wieviel Schriftsteller lebten vor dem Kriege allein von ihrem Honorar, wieviel Künstler von ihrer Gage. dem Verkaufsertrag der Werke, wieviel Ärzte und Rechtsanwälte, die sich gleichzeitig geistigen Interessen widmeten, nur von ihren Berufseinnahmen? Beim höheren Beamten ward zwar nicht ausdrücklich, wie beim Offizier, der Nachweis eines Vermögenshintergrundes verlangt, aber für viele großen und repräsentativen, geistig wichtigen Stellen als selbstverständliche Voraussetzung behandelt. Es ist kein Wunder, wenn heute die Berufsvereine der höheren Beamten nachweisen, daß ihre Gehälter schon vor dem Krieg der Lebensverteuerung nicht gefolgt sind, im Gegensatz zu denen der mittleren und unteren Beamten, bei denen diese Vermögensvoraussetzung nicht mitspielte. Diese war eben tatsächlich stillschweigend zum mindesten für die Ausbildungs- und erste Berufszeit fast überall subintelligiert. Sie wirkte in dem Prinzip des „Ehrenlohns", der „Ehrengage", die in der Stellung oder dem Auftrag selbst gesehen ward, von der Sängerin und dem Schauspieler bis zum repräsentativen und geistig führenden beamteten Exponenten der Gesamtheit. Nicht nur die Generations-Reproduktionskosten, sondern die alltägliche, unmittelbare Lebensbasis und soziale Stellung der Gesamtschicht ward weitgehend durch sie mit bestimmt.

III

Das momentane Schicksal der geistigen Arbeit, das wir nun wohl in seinen einzelnen Elementen und ihrem beinahe tragischen Ineinandergreifen überblicken können? Es bedeutet das Hinausgeschleudertwerden aus dieser bisherigen gesellschaftlichen Eingliederung: Zertrümmerung des Vermögenshintergrunds, Zurückbleiben des Soziallohns unendlich weit noch hinter der schon vorher durch den Vermögenshintergrund herabgedrückten Höhe, Verkümmerung und Absterben der allgemeinen Organe, auf deren Fortbestand und kräftiges Leben sie in ihrer gegenwärtigen Verarmung mehr als je angewiesen wäre. Man muß das im einzelnen betrachten, so sehr das Einzelne im Zahlenausdruck durch die immer noch rapid fortlaufende Entwicklung jeden Augenblick überholt wird und nur gewissermaßen chronometrischen Messungswert des Abstiegs hat.

Der Rentenfond ist heute in allen Ländern mit entwerteter Valuta, voran in Deutschland und Österreich, nicht mehr vorhanden. Die Entwertung aller in Geld ausgedrückten Forderungsvermögen hat ihn aufgefressen; Vermögensabgabe, Kapitalsertrags- und sonstige Steuern, die gerade die leicht erfaßbaren Objekte rücksichtslos und vollständig ergriffen, haben das übrige getan. Zu 99 $^{1}/_{2}$ % expropriiert bezeichnete schon im Sommer die deutsche Regierung selbst alle diese auf Rentenvermögen früher ruhenden Schichten. Das bewegliche Kapitalvermögen, sagte schon damals der deutsche Vertreter vor der Reparationskommission in Paris mit Recht, ist grob quantitativ gesprochen in Deutschland nicht mehr mitzuzählen. Wie heute erst bei noch viel stärker entwerteter Valuta! — Es ist interessant, daß in den Sieger- und neutralen Ländern, wenn auch schwächere Ansätze zu Ähnlichem vorliegen. Keynes hat für England und für dessen von ihm sogenannte „investierende Klasse", von der ja das Rentenintellektuellentum ein Teil ist, errechnet, daß die Kaufkraft ihres Einkommens aus Rente und der Realwert ihres Vermögens — als Grundlage des Besitzes englische Konsols genommen — vom letzten Jahrzehnt des 19. Jahrhunderts, der Blütezeit des Hochkapitalismus, wo sie auf der Höhe standen (— sie waren durch die Preissenkung der Waren und die Wertsteigerung der reinen Rentenkapitalien im Laufe des 19. Jahrhunderts hinaufgestiegen —), Keynes hat berechnet, daß Kaufkraft des Renteneinkommens und Realwert des Rentenvermögens schon mit der Lebensverteuerung der monopolkapitalistischen Vorkriegszeit um 45 % (so die Kaufkraft der Einkommen) und um 50 % (so die realisierbaren Vermögenswerte) abgestiegen waren. Die Nachkriegszeit mit ihrer Teuerungs- und Besteuerungswelle hat eine Senkung ihrer Einkommenskaufkraft und der Kaufkraft ihres Vermögenswerts auf nur noch etwa ein Drittel gegen 1914 und etwa ein Sechstel gegen jenen Höhepunkt gebracht [1]). Auch in den Siegerländern ist die bisherige Eingliederungsform des Intellektuellentums von der Vermögensunterlage her erschüttert. — In den besiegten existiert sie nicht mehr.

Das zweite betrifft das Arbeitseinkommen. Ich rede hier von

---

[1]) Keynes, Der Wiederaufbau in Europa, Heft V, S. 352.

Deutschland, weiß aber, daß die deutschen Dinge auch hier wieder nur die letzte Zuspitzung von Zuständen darstellen, die in eigentümlicher Art trotz fehlenden Zusammenbruchs und nichteingetretener Revolution auch für das Ausland gelten. Ich wähle aus vielen Daten, die mir vorliegen, die klarsten und einleuchtendsten heraus. Sie betreffen das Einkommen eines staatlich angestellten Teils der geistigen Berufe, das der höheren Beamten. Es ergibt sich, wenn man sich die Materialien, die ich als Anhang beifüge, durchsieht, das Eigenartige: während das Realeinkommen der Arbeiter und Angestellten, bis Frühjahr 1922 — mit Nuancen und Verschiedenheiten selbstverständlich — bei der Entwertung der Valuta durch die Erhöhung seiner Nominalbeträge der Friedenshöhe doch etwa bis zu 80 % gefolgt war, und während das der unteren und mittleren Beamten sich überschläglich auf vielleicht 50 % zu halten vermochte, tritt dort, wo die rein geistige Arbeit einsetzt, bei dem schon vorher, isoliert ohne Rentenhintergrund betrachtet, im ganzen eher zu niedrigen Gehalt der höheren Beamten ein B r u c h ein. Die Schicht dieser geistigen Arbeiter hat nur 25 % und wenig mehr ihres Friedenseinkommens hinüberzuretten vermocht. Sie ist, von ihrer Vermögensbasis herabgeschleudert, gleichzeitig im Verdienst einfach verarmt. Während sie das Vier- bis Siebenfache des ungelernten Arbeiters verdiente, steht sie seit seit dem Zusammenbruch und der Revolution nur auf dem Zweifachen, nach Abzug aller Steuern wahrscheinlich nicht mehr als auf dem Eineinhalbfachen. Die Prozentziffern des Nachfolgens hinter der Teuerung haben sich mit dem weiteren Geldsturz naturgemäß von Tag zu Tag verschoben, im ganzen mit der Tendenz für alle Teile, immer mehr hinter der Teuerungswelle zurückzubleiben. Die Relation, die den »Bruch« enthält und konserviert, ist dieselbe geblieben[1]). In dem Zusammenschrumpfen der Spanne zwischen den hohen und den niederen Einkommen, die

---

[1]) Beim Druck dieser Arbeit (Dezember 1922) mögen die Arbeitslöhne, oberflächlich gesprochen, vielleicht 50 % der Kaufkrafthöhe des Friedens haben, die Gehälter der höheren Beamten vielleicht 10 %.

sich durch alle weiteren Gehaltsregulierungen seitdem nicht geändert hat, liegt in Zeiten allgemeiner Verarmung in gewissen Grenzen natürlich etwas Berechtigtes, insoweit als es den Ausdruck einer Verminderung des »freien« Einkommens in der Volkswirtschaft überhaupt gegenüber dem »notwendigen«, d. h. für die Existenz unentbehrlichen bedeutet. Aber hier ist mehr eingetreten. Es gibt ein notwendiges Einkommen der Generations-Reproduktion für jede soziale Schicht, das durch ihre auch geistig notwendigen Berufsaufwendungen und durch die Beträge mitbestimmt wird, die für die Heranbildung der nachfolgenden Generation bis zum Vollverdienst nötig sind. Im Anhang befindet sich eine Tabelle, nach der das unter Berücksichtigung der Vorbildungs- und Wartezeit berechnete, auf das 14 Lebensjahr zurückdiskontierte Gesamtlebenseinkommen eines höheren Beamten Anfang 1922 in Deutschland kaum höher war, als das eines gelernten Arbeiters, niedriger als das eines mittleren Beamten. Die heute äußerlich natürlich überholten, aber in ihrer Relation unberührt gebliebenen Zahlen vom Frühjahr 1922 waren:

das Lebenseinkommen für
einen höheren Beamten . . 618 184 ℳ,
„ mittleren Beamten . 652 737 „
„ gelernten Arbeiter . . 596 485 „
„ ungelernten Arbeiter . 609 870 „

Man mag auch hier einschränkend bedenken, daß das mit dem Arbeitereinkommen in Vergleich gesetzte Lebenseinkommen des Beamten eine höhere Kurve hat und feste Pension enthält gegenüber dem bekanntlich schon vom 40.—45. Lebensjahre an eventuell durch Minderleistung gefährdeten des Arbeiters und dessen so äußerst mäßiger Altersrente. Die Zahlen sagen trotz aller solcher Einschränkungen deutlich, daß das Generationseinkommen, das für den nackten Fortbestand des in das höhere Beamtentum investierten Teils der geistigen Arbeit nötig ist, hier einfach nicht mehr voll gezahlt wird. Es muß dabei zur Selbstverständlichkeit werden und ist, wie jeder weiß, zurzeit auch schon die Regel, daß man auf dieser Basis seine Kinder nicht mehr durch ein Studium als seinen eigenen geistigen Nachwuchs durchhält, sondern sie in die Wirtschaft und in einen möglichst raschen Verdienst hineintreibt — soweit man nicht sogar schon selber, um ihnen ein Armutslos zu ersparen, den Übergang ins Ökonomische vollzieht.

Dieser katastrophale Zusammenbruch ist nicht für alle geistigen Berufe ganz der gleiche. Es gibt Persönlichkeiten, die durch große Attraktion darüber bleiben. Es sind auf der anderen Seite besonders freie Berufe da, wo die Sache heute, den Durchschnitt angesehen, noch schlimmer steht. Die Daten dafür ließen sich zu Bergen häufen. Für den Durchschnitt ist das Gesagte leider durch die ganze Breite der geistigen Berufe typisch. Ihr Arbeitsverdienst ist heute durchgängig so, daß er nach dem Wegfall der früher noch vorhandenen Vermögensbasis nicht bloß ihre einstige soziale Lebenshaltung nicht mehr zuläßt, sondern einfach auch die Generationsfortsetzung des Geistigen in ihren Reihen im ganzen nicht mehr erlaubt. — Zur Katastrophe des Vermögens aller früheren geistigen Schichten ist kumulativ eine weitere nur sie ganz speziell und im Gegensatz zu anderen betreffende Katastrophe ihres ehedem durch ihr Vermögen gestützten Einkommens hinzugetreten, die geradezu ihre Fortexistenz in alter Form in Frage stellt.

Auf diese Situation türmt sich das Dritte, das die Organe angeht, mit denen sie bei ihrer Arbeit bisher in die Allgemeinheit eingewachsen waren, und durch die sie von ihr versorgt wurden. Der Staat, die öffentlichen Körperschaften trugen bisher die ganz allgemeinen Institutionen, welche die objektive Umwelt der produktiven geistigen Arbeit bilden, die Bibliotheken, Hochschulen, Museen, zum Teil Theater usw. Man muß die heutigen Aufwendungen für diese Welt der allgemeinen geistigen Institute mit dem Teuerungsindex vergleichen, um zu sehen, was vorgeht. In einem mir bekannten Beispiel aus dem Bereich einer Regierung, die im Rahmen der heute vorhandenen Vorstellungen und Möglichkeiten unzweifelhaft liberal verfährt, waren die Aufwendungen für eine Universität, an die ich denke, bis Anfang 1922 dem Teuerungsindex nur bis zur Hälfte nachgefolgt; der größte Teil dieser unzulänglich gestiegenen Ausgaben aber ging drauf für Sacherhaltungskosten und materielle Betriebsaufwendungen der Hochschule und für die Stipendiierung und Erhaltung der auch p r a k t i s c h unmittelbar wesentlichen Institute, der Kliniken usw. Für die rein geistigen Institute waren öffentliche Mittel nicht mehr ausreichend bereit. Die öffentliche Bibliothek konnte schon damals mit ihrem Aversum im wesentlichen nur ihre Heizungs- und Buchbinderkosten bestreiten und war für ihren eigentlichen Fortbestand schon in dieser Zeit auf Selbsthilfe, d. h. freiwillige Gaben, Zufall und Auslandsgüte angewiesen. Und das lag alles v o r den Auswirkungen des letzten riesigen Valutaverfalls und ist als solches typisch für das Schicksal der staatlich unterstützten rein geistigen Organe überhaupt. Sie sind in schwerster äußerer Not [1]. Auf der Basis des preußischen Etats berechnet hatten sich bis Anfang 1922, die Reichs- und Staatsausgaben addiert, bei einer damaligen Verdreißigfachung des Budgets (ohne den Reparationsetat) die darin enthaltenen Kulturausgaben nur verzehnfacht [2]. Ihr Anteil, der also von 3,6 % auf 1 % gesunken war, zeigt das Versickern der Leistungen der Allgemeinheit.

Und doch! Selbst wenn sich dies Versickern, gemessen an den Allgemeinausgaben, unzweifelhaft noch weiter rapid fortgesetzt hat, die öffentlichen Institutionen und Organe sind bisher wenigstens noch erhalten. Man wird das Gleiche nicht von den privaten sagen können. Zwar der Buchhandel und die Bücherproduktion haben sich, äußerlich betrachtet, nach einem Rückgang in der Kriegszeit auf die Hälfte, bis 1920 etwa wieder auf den alten Stand gehoben, sie haben sich auch 1921 durchgehalten

---

[1] Heute ist es bereits so weit, daß man wegen der Heizungskosten den alten Bau der zeitlichen Gliederung des deutschen Hochschullebens zertrümmern will, der einen wohlabgewogenen Rhythmus zwischen Lehrtätigkeit und gelehrter Forschertätigkeit der Hochschullehrer darstellt. (Zu letzterer deren sogenannte »Ferien« nach einer gewissen Erholung.) — Man würde damit gewiß mehr zerstören, als man ahnt.

[2] Siehe Anhang 2.

und sind selbst heut äußerlich noch nicht zerstört[1]). Innerlich aber haben sie sich transformiert. Ich lege eine Übersicht für die Zeit vor und nach dem Kriege bei[2]). Sie zeigt auf der einen Seite Zunahme der geistigen Narkotika, der Werke über Theosophie, Geheimwissenschaft und einer gewissen Sorte schöner Literatur, während auf der anderen die strenge rein geistige Literatur, soweit sie nicht die Behandlung der öffentlichen Fragen angeht, von der Geschichte, Sprach-, Literaturwissenschaft bis hinüber zur Mathematik, Naturwissenschaft sehr stark zurückgegangen, die Publikationsmöglichkeit des sachlichen rein Geistigen also durchaus gefährdet ist. Aber das eigentliche Schicksal betrifft die Publizistik. Ich spreche nicht von der Überfülle der wundertätigen sozialen Rezeptbroschüren und analogen Zeitschriften, welche die Umwälzungspsychose nach dem Zusammenbruch gezeitigt hat und teilweise noch heute hervortreibt. Sie sind Krankheitserscheinungen, kein Maßstab der Publizität des Geistigen. Die ernsten Zeitschriften, die diese zu besorgen haben, sind so gut wie durchgängig bedroht. Jeder, der im geringsten damit zu tun hat, weiß das. Ein großes, politisch und geistig führendes periodisches Organ, das sich mit irgendeiner der großen ausländischen Monats- oder Wochenschriften messen könnte, die dort das unentbehrliche Brot darstellen, ist in Deutschland nicht mehr vorhanden und nicht zu schaffen, so nötig es gerade in der gegenwärtigen Lage wäre, wo Deutschland in ein internationales Gefängnis der Abgeschlossenheit von den Welttatsachen gesperrt ist. Und dabei bricht der einzige andere Ast der Publizität, der es zum Teil ersetzen konnte, der der Zeitungen, zurzeit weitgehend vom Baume. Das Massensterben der Zeitungen ist in aller Munde. Die kleinen gehen ein, die großen werden unrentabel und können eben jene ihre beinahe wichtigste Funktion, durch Auslandsberichterstattung uns aus Krähwinkelei und Bierbankstickluft, von der die Atmosphäre voll ist, und die das schwerste

---

[1]) 1921 etwa 31000 Neuerscheinungen gegen 32000 im Jahre 1920 und 35000 im Jahre 1913.
[2]) Siehe Anhang 3.

politische Übel des Deutschtums darstellt, herauszuführen, zunehmend weniger mehr leisten. Sie sind, da auch hier die ökonomische Materialbeschaffung alles heißt, in Gefahr, statt dessen ein Schlußverarbeitungsbetrieb von Zellstoff- und Papierinteressenten zu werden, für die es vielleieht von Vorteil ist, die Linie ihrer Produktion noch über das Papier bis zur Fabrikation der öffentlichen Meinung weiter zu verfolgen. Sehr möglich, daß das allen Teilen ihrer speziellen Sachinteressen zugute kommt. Die freie Journalistik geht dabei zugrunde. Nur ganz große wenige Verlagsfirmen können sich, geht das so fort, mit einiger Sicherheit als Zeitungshintergrund noch halten.

Damit der letzte Punkt. Wenn so die heutige Schicht der geistigen Berufe aus ihrer bisherigen sozialen Eingliederung herausgeschleudert ist, bei der gleichzeitigen Verkümmerung ihres Arbeitsverdienstes auch geistig sinken muß, ihr Nachwuchs auf das schwerste gefährdet erscheint, wenn die Organe, mit denen sie gearbeitet hat, verdorren und verkümmern, so eröffnet sich die Perspektive, daß sie **ein Anhängsel der Wirtschaft** wird. So wie die großen Wirtschaftskräfte, wird der Gefahr nicht vorgebeugt, daran gehen werden, den Staat zu mediatisieren, so würde es in diesem Rahmen dann ihr historischer Beruf sein, auch die geistige Arbeit samt den Resten der bisherigen Bildungsschicht in sich aufzusaugen. Es gibt einen bekannten deutschen Philosophen, der in vielleicht allzugroßer Bereitschaft, sich allem Neuen anzupassen, bereits die Konsequenzen gezogen hat. Er sieht in freudiger Bejahung für künftig diese mattgesetzte Geistigkeit nicht mehr eingefügt in den Rahmen des Staates, in den wir sie durch vier Jahrhunderte des Kämpfens um ihre Freiheit einzugliedern und in dem wir sie in richtiger Weise zu verankern suchten, sondern bereits als Teil jener alles absorbierenden großen „industriellen Fürstentümer" der Nachkriegszeit, von denen vor seinem Tode Rathenau warnend gesprochen hat, — den künftigen Gelehrten, Künstler, Schriftsteller und, müssen wir hinzufügen, wohl auch Journalisten und Politiker als Teil des Machtbereichs der großen Industriemagnaten.

Es mag irgendeine Erinnerung an früheres Mäzenatentum, vielleicht vor allem das der Renaissance bei dieser höchst modernen Konzeption Pate gestanden haben. Ob glücklich? Wahrscheinlich nicht einmal für die Kunst. Michelangelo klagt bekanntlich in seinen Briefen über das, was wir heute pekuniäre Ausbeutung durch die Mediceer nennen würden. Aber immerhin: man mag für Künstler und Dichter ein Mäzenatentum, auch eines des modernen Kapitals, so relativ beschränkt dies neben seinem Hauptbuch bisher im ganzen dafür in Wahrheit doch nur Zeit und Sinn gehabt hat, hinnehmen. Das Geistige stößt sich hier nicht unbedingt mit· praktischen Interessen und wird daher vielleicht durch diese Abhängigkeit nicht unter allen Umständen zu schwer bedroht. Aber ich weiß nicht, ob Graf Keyserling sich die Frage vorgelegt hat, wie es mit der Freiheit und Selbständigkeit des Denkens nnd der Ideenbildung derjenigen Teile der Geistigen bei ihrer Einfügung in diese Gehäuse werden soll, deren Aufgabe es ist, die kritische Sonde an das Gesellschaftliche, das Wirtschaftliche, Politische und das allgemein Ideelle unserer Daseinsform zu legen. Man kann ein politischer und ökonomisch-geistiger Famulus eines Industriellen sein, wenn man von ihm ausgehalten wird. Kann man dann auch für die Allgemeinheit noch etwas als eigene ideelle und geistige Kraft bedeuten?

Hier sieht man, was auf dem Spiele steht. Mit der Zertrümmerung der bisherigen sozialen Eingliederung der Geistigen nicht bloß das Schicksal ihrer gegenwärtigen Generation, nicht bloß dies, ob sie noch einen Nachwuchs finden werden, sondern das **Verhältnis des Geistigen zum Leben** überhaupt. Wird und soll es vom Ökonomischen aufgesogen werden, nicht bloß verkümmert, sondern künftig auch versklavt sein? Oder gibt es für diejenigen, die das Ende der modernen Kultur nicht vorzeitig antizipieren möchten, denen es darum zu tun ist, dasjenige zu retten, für das die europäische Menschheit beinahe ein halbes Jahrtausend gerungen hat, noch einen Weg? Das heißt: gibt es für sie — wir denken hier **soziologisch** — noch eine Aussicht, eine selbständige Bildungsschicht und damit eine Freiheit des Geistigen, die Möglichkeit zu einer solchen wenigstens in der heutigen Umwälzung zu erhalten? Und wie wäre eine solche Bildungsschicht heute einzugliedern?

IV

Ohne das wirtschaftliche, soziale und politische Schicksal Europas vorhersagen zu können, muß man sich für die Beantwortung dieser Frage doch nach den Möglichkeiten umsehen, die im Rahmen dieses Schicksals für das Geistige überhaupt vorliegen können. Es kann sein — wir wissen es nicht —, der gegenwärtige ökonomische und politische Irrsinn, der Mitteleuropa ausdörrt, um von da aus im Effekt Gesamteuropa zu zerrütten, setzt sich bis zum Ende fort und treibt beides dem sozialen und wirtschaftlichen Chaos zu, von dessen Leidensstadien wir aus dem Schicksal Rußlands eine Ahnung haben können; dann ist es beinahe ein Luxus, nach dem Schicksal der geistigen Arbeit in der so entstehenden Welt noch viel zu fragen. So wie in Rußland das Geistige, um seine Existenz noch irgendwie zu wahren, seine Zuflucht vielfach in die Dörfer genommen hat, und außer im unmittelbaren Gewaltkreis der Machthaber, in allerprimitivste From zurückgebildet, nur dort noch existiert, ähnlich dann wohl auch bei uns. Die Geistigen, die in den letzten Jahren seit dem Krieg auf das Land hinausgezogen sind mit dem Versuch, dort von ihrer Hände Arbeit lebend, noch etwas von ihrer früheren geistigen Existenz zu retten, wären dann die Vorläufer eines allgemeinen Vorganges. Es müßte innerhalb einer generellen Reagrarisierung, die neben Auswanderung und Städtesterben das einzige ist, was man sich zwischen größtem Jammer an phantasiemäßig Erfaßbarem für diesen Fall vorzustellen vermag, Kulturtradition und Geistigkeit ein ähnliches Schicksal erleiden, wie in der Spätantike. Die einzige, freilich nicht näher umreißbare Hoffnung wäre, daß außer den einsam ausgesiedelten Landintellektuellen sich dann noch irgendwelche, wenn auch verstreute, doch organisierte Zufluchtsstätten des Kulturellen irgendwo bildeten, mit einer ähnlichen Funktion dem Abendlande gegenüber, wie sie die Klöster und Abteien des Christentums im Untergang der griechischrömischen Antike hatten.

Aber, so wenig leider diese Perspektiven heute ganz phantastisch sind, wir wollen immerhin von der Voraussetzung ausgehn, daß es nicht bis zur letzten europäischen Katastrophe kommt. Alsdann: — wäre es dann möglich, die kapitalistische Maschinerie Europas in nicht zu langer Zeit wieder in ihrer alten Energie in Gang zu bringen und also einen wahren „Wiederaufbau" zu vollziehen, der freilich ohne volle Wiederaufrichtung des europäischen Mittelpunkts, Deutschlands also, nicht denkbar ist, und dessen Schwierigkeiten man allein schon hieran messen kann, — würde das aber trotz allem verwirklicht, so wäre die gegenwärtige Not der geistigen Arbeiter, so scheint es, vielleicht nur eine Übergangserscheinung. Es könnte im Rahmen neuen Reichtums ein neues Rentenintelektuellentum erwachsen, in dessen Hände das verkümmerte und absterbende von heute nur einfach seine Aufgabe zu übergeben hätte. Die Kultur und geistige Arbeit ginge jetzt durch eine Seenot. Nach zeitweiligen Stützungs- und Hilfsaktionen für das Hinüberretten wäre künftig wieder alles, wie es war. Äußerlich ist das richtig, im Wesen nicht. Es sind zu tiefgehende innere Veränderungen vorgegangen, die das Verhältnis des Geistigen zum Leben und insbesondere zum Ökonomischen betreffen. Auf sie wird gleich zurückzukommen sein bei der Betrachtung der leider wohl wahrscheinlicheren Entwicklung, daß die wirtschaftliche Vorkriegseffizienz Europas in absehbarer Zeit nicht wiederhergestellt sein wird, daß insbesondere Deutschland weiter unter dem Druck des gegenwärtigen ökonomischen Auspressungssystems verbleibt. — In diesem Fall des vorläufigen Nichtwiederaufblühens von Europa haben wir als Rahmen, in dem die geistige Arbeit in Europa stehen wird, das Bild — ich kann es hier nur skizzieren —: Deutschland zu einem verarmten Land internationaler industrieller Schwitzarbeit herabgedrückt, die valutastark gebliebenen kleinen europäischen Länder unter weitgehendem Absterben ihrer Industrien in kümmerliche finanzkapitalistische Zentren sich verwandelnd, England am Rande eines Einschrumpfungs- und Eintrocknungsprozesses des Kontinents vor die Frage einer Rückbildung seiner Industrien, der schnelleren oder langsameren Überführung großer Teile seiner heutigen industriellen Menschenmassen in die Kolonien gestellt, nicht prosperierend, sondern ärmer werdend; Frankreich bei einer trügerischen, kurzlebigen politischen Blüte inmitten einer allgemeinen Dürftigkeit Europas wirtschaftlich mit Notwendigkeit auch zurückgehend. Die geistige Arbeit Europas aber? Ihre soziologische Eingliederung bliebe in den S i e g e r - und n e u t r a l e n L ä n d e r n, die ja keine Valutakatastrophe, keine grundlegende soziale Umschichtung, keine völlige Zertrümmerung des Rentnertums bei diesem Vorgehen der Entwicklung erleben würden, alsdann ä u ß e r l i c h offenbar bestehen. Die Breite der Vermögensbasis des Intellektuellentums würde freilich in der allgemeinen Verarmung zusammenschrumpfen. Der Prozeß, den Keynes beschrieben hat, würde sich fortsetzen. Aber es wird doch anscheinend in diesen Ländern gegen früher nichts g r u n d s ä t z l i c h geändert sein. Aber nur scheinbar. Geistig ist schon heute eine Umwälzung enormer Art geschehen, diejenige, auf die ich eben hinwies. Sie wird sich noch intensiver fortsetzen, wenn dieser Einschrumpfungsprozeß fortdauert. Es ist folgendes geschehen: Die schrankenlose Herrschaft des Ökonomischen, die seit dem Kriege und durch ihn angebrochen ist und deren Ende wie das einer Eiszeit, in der alle Dinge, ins Rutschen geraten, in Gefahr sind, verschüttet zu werden, in k e i n e m Falle abzusehen ist, die damit verbundene Erschütterung aller Vermögensunterlagen haben schon heute überall auch in allen Sieger- und neutralen Ländern eine Veränderung in der Stellungnahme des Rentenintellektuellentums gegenüber dem Ökonomischen herbeigeführt, die, einmal eingetreten, so leicht nicht wieder verschwinden kann, weil sie durch die kommenden Erschütterungen und eventuellen Einschrumpfungen stets neu genährt sein wird. Wer etwas ausländische Zeitschriften gesehen hat und eine Ahnung hat von dem, was beispielsweise heute in Frankreich vorgeht und was sich dort „Syndikalismus der geistigen Arbeiter" getauft hat, muß leider wissen, daß das alte Intellektuellentum, soweit seine geistig unbefangene Stellung zum Ökonomischen in Betracht kommt, durch die erwähnten Erschütterungen im ganzen bis auf geringe, wenn auch mutige Reste, die noch die alte Position vertreten, untergegangen ist. An seine Stelle ist auf der teils erschütterten, teils zusammengeschrumpften Vermögensunterlage ein neues getreten, das, wie es selber sagt, „den Anschluß an die produktiven Kräfte" sucht Dieser Anschluß wäre gut und gesund, wenn er die Herrschaft des Geistigen über das Ökonomische herzustellen suchte Er läuft aber leider, mögen die Formeln lauten, wie sie wollen, unter der Maske der „Verbindung" auf die ökonomische Durchtränkung, Durchdringung und Materialisierung des Geistigen hinaus Man nennt nicht umsonst in Frankreich die Zeitschrift der neuen Bewegung den „Producteur" und beschäftigt sich in ihr und der Gesamtbewegung vor allem mit organisatorischen und Administrationsproblemen. In Wahrheit ist das alte Rentenintellektuellentum mit seiner ökonomischen Unbekümmertheit und der auf dieser ruhenden Art der geistigen Freiheit durch den Krieg in der ganzen Welt, zum mindesten der europäischen, mag es in gleicher äußerer soziologischer Form noch da sein, als ideelle Kraft der Art der Vorkriegszeit gestorben. Es wird aus seinen Gräbern nicht wieder auferstehen; denn es war nur als eine gewissermaßen naive Haltung zum Ökonomischen denkbar, welche noch nicht die Gefahren kannte, die das wirkliche Bedrohtsein der Vermögensbasis auch für das auf ihr beruhende Geistige bedeutet. Die Doppelfunktion des so fundierten Rentenintellektums, soziologisch Exponent der gesellschaftlichen Formungen des Hochkapitalismus und gleichzeitig freier Kritiker der Zeit zu sein, ist vorüber.

Für deutsches Kulturgebiet aber ist bei der Auspressungs- und Ausschwitzungsbehandlung, der es unterliegt, nicht einmal mit seiner auch nur äußeren Strukturerneuerung zu rechnen, hier, wo es ja, wie wir sahen, in der Umwälzung auch äußerlich schon untergegangen ist. Wo sollte es hier noch eine Stätte haben? Es wird hier künftig gar keine breiten Vermögensschichten geben, die nach Art und Umfang irgend ins Gewicht fallende Rentenfonds mit geistigem Aufbau darüber in den Gesellschaftskörper hineinzustellen vermöchten. Die Schicht der nouveaux riches, die auch bei uns im Krieg und nach ihm zunächst so üppig aufsproß, wird in einem weiter verarmenden Deutschland viel zu dünn, viel zu stark steuerlich belastet und ausgepreßt sein, als daß aus ihr in absehbarer Frist irgendein Rentnertum der alten Art hervorgehen könnte. Was auch in künftiger Generation aus ihr hervorwächst, wird weiter spekulieren und weiterhin Geschäftsgewinne machen müssen, um überhaupt zu existieren. Dante, Shakespeare, Goethe werden, wie heute, auch künftig dieser sehr dünnen, sehr geschäftsverflochtenen neuen Schicht des letzten Dollarstandes sehr gleichgültig sein. Und leider ist nicht anzunehmen, daß diejenigen alten Reichtumsschichten, die in der ganzen Umwälzung allein intakt geblieben sind, die der agraren und industriellen Sachbesitzer, von deren weitgehender kultureller Denudierung schon durch den Hochkapitalismus der Vorkriegszeit ich eingangs sprechen mußte, daß diese in den uns bevorstehenden Verhältnissen, die noch verstärkte Angst um wirtschaftliche Existenz und auch erhöhte Hast enthalten werden, sich ändern und in ihrem Nachwuchs ihrerseits in breitem Maß kulturtragende Elemente, sei es geschäftsverbundener, sei es rentenmäßiger Existenz, hervorbringen. Wer irgend weiß, wie der Nachwuchs dieser Schichten, der diese Aufgaben übernehmen müßte, heut heranwächst, der kann das, so traurig es sein mag, sich das einzugestehen, nicht hoffen. Dieser Nachwuchs geht heute, soweit er in die Bildungssphäre, d. h. die Universitäten und sonstigen Hochschulen, eintritt, in die studentischen Korporationen. Das aber heißt zur Zeit — um es ganz rücksichtslos und offen auszusprechen — meist leider nur in sehr beschränktem Maße Fühlung nehmen mit den geistigen Aufgaben der Zeit. Es heißt, so kameradschaftlich wertvoll und sympathisch dabei vieles sein mag, doch — wie die Dinge liegen — vor allem Eintreten in Institute sozialer Auslese und auch sozialer Patronage, in heute durch Alt-Herrensysteme subventionierte und getragene Vorbildungsinstrumente sehr auf das persönliche Fortkommen, ja beinahe allein darauf ausgerichteter Art. Man muß ein Narr sein, um zu glauben, daß hier der geistig einmal führende Teil der künftigen deutschen Bildungsschicht zurzeit heranwächst, — die leitenden Geschäftsleute wohl, nicht die geistigen Führer. — Nach dem Untergang des alten Rentenintellektuellentums ist im deutschen Kulturgebiet vorerst kein Aufkommen eines neuen zu erwarten.

V

Das einzige, was aus den gegenwärtigen Verhältnissen herauszuwachsen scheint, an das wir anknüpfen können, demgegenüber wir die Aufgaben von Staat und Gesellschaft zu fixieren suchen und nach dessen Selbstgestaltung wir fragen können, ist ein ganz anderer Typ. Ich nenne ihn den des Arbeitsintellektuellen. Er ist das selbstverständliche und notwendige Produkt unserer Armut. Und wenn irgend etwas uns geistig retten kann, seine Ausbildung.

Ich denke, wenn ich von einem Typ des Arbeitsintellektuellen als etwas Neuem und Möglichem spreche, nicht an eine Verbindung von geistiger Arbeit mit eigentlicher schwerer körperlicher oder den geistigen Interessen ganz fremder Tätigkeit. Ich habe vor dem Werkstudenten, der diese Kombination für eine gewisse Vorbildungszeit oft durchführt, sogar in Steinbruch- und Bergwerke hineingeht, die allerhöchste Achtung. Für einen bestimmten Teil der Vorbildungszeit der geistigen Berufe und für besonders kräftige Naturen ist diese Form in nächster Zukunft ganz ohne Zweifel unentrinnbar, so hart sie ist. Als genereller soziologischer Typ ist sie nicht einmal für die allgemeine Heranbildung des Nachwuchses denkbar, vor allem nicht für dessen körperlich schwächere, seelisch diffizilere, aber geistig oft so wertvolle Teile; in ihrer unsystematischen und aufreibenden

Verbindung von i r g e n d w e l c h e n Verdienst mit geistiger Arbeit schon gar nicht für das spätere Leben als Prototyp neuer geistiger Eingliederung. Von einer dauernden Verbindung zwischen schwerer manueller Arbeit und starker geistiger Produktivität als L e b e n s a u f g a b e kann, irgendwie das Regelmäßige betrachtet, einfach der Natur der Sache nach nicht die Rede sein. Menschliche Nerven und menschliche Elastizität sind dazu nicht imstande. Ebensowenig aber auch von einer Kombination geistiger Produktivität mit einer dieser Produktivität ganz abgewandten, in irgendeiner weitentfernten gesellschaftlichen Sparte liegenden Erwerbsarbeit. Hier bräche die Unverbundenheit der Teile der Existenz das Geistige entzwei. Man muß sich die Dinge für eine neue „arbeitsintellektuelle" Art der Eingliederung der Geistigen in einer etwas anderen, komplizierteren Art vorstellen, wie sie ja auch in anderer Form zu wachsen scheinen.

Wir brauchen für den neuen Typ der Geistesarbeiter zunächst als regelmäßigen Ursprung und als Hintergrund, aus dem er normalerweise wächst, in dem er sein erstes Publikum und seine unmittelbare geistige Korrelation findet, eine geistige Schicht, die von schwerer manueller und überhaupt auch geistesfremder Arbeit frei ist, eine Art Ersatz also der alten Bildungsschicht. Was wir uns in dieser Form als neuen, das Rentenintellektuellentum ersetzenden Mutterboden der geistigen Rezeptivität und Produktivität für die Zukunft vorstellen können, kann nur eine Art von Mittelschicht sein, die aus den heutigen Verhältnissen tatsächlich schon entsteht. Und schauen wir um, so stoßen wir neben den Spitzenteilen vergeistigter Handarbeit und den sich immer mehr ausbreitenden Elementen geistiger Durchführungs- und Ausführungsarbeit, den Angestellten-, Privatbeamtenschichten usw. vor allem auf die Schichten derjenigen produktiven geistigen Arbeit, die, weil in den regelmäßigen gesellschaftlichen, vor allem den praktisch wirtschaftlichen Mechanismus mit unmittelbaren Nutzeffekten eingeflochten, im ganzen, wie wir sahen, durch die heutigen Verhältnisse weniger gefährdet ist, wenn sie auch zum Teil heute starke Krisen durchmacht. Wir stoßen auf die Schichten der Ingenieure, Techniker, Rechtsanwälte, Ärzte und ähnliche praktisch geistige Berufe. Sie alle werden künftig so gut wie reine „Arbeitsschichten" sein; aber sie werden sich erhalten, weil sie unentbehrlich sind. Sie vor allem sind die unzerstörbare Basis der künftigen Eingliederung des Geistigen. Aus ihnen und den anderen noch im Geistigen lebenden gesellschaftlichen Elementen, muß ohne Vermögenshintergrund fortan d e r Teil der geistigen Arbeit herauswachsen, dessen Werte praktisch u n e r r e c h e n b a r, luftig, unmeßbar sind, also der der Gelehrten, Schriftsteller, Künstler und auch höheren Beamten, der Teil des Arbeitsintellektuellentums, dessen Existenz und künftige Art P r o b l e m ist.

Es kommen für die Problematik d i e s e r Arbeitsintellektuellen, auf die das weitere abgestellt ist, drei Seiten ihrer Existenz und sozialen Eingliederung in einer betonteren und anderen Art in Betracht, als für die früheren Rentenintellektuellen: ihr Arbeitsverdienst, die Aufrechterhaltung der allgemeinen Organe geistiger Tätigkeit und die Ermöglichung einer Freiheitsbasis. Und es ist gut, die im Prinzip nur einheitlich zu lösenden Fragen vom Äußerlichsten, von der Seite des Arbeitsverdienstes, aufzurollen.

VI

Man sieht vielfach das ganze Heil des neuen Typus in der Anwendung der gewerkschaftlichen Gedanken, also im Arbeitslohnkampf. Ich halte die gewerkschaftliche Organisation auch für die geistige Arbeit in den neuen Verhältnissen für unentbehrlich und im höchsten Grade richtig. Sie ist nicht zufällig durch die ganze Breite der geistigen Berufe hindurch in neuester Zeit aus dem Boden gewachsen wie etwas Selbstverständliches. Ich glaube, es wäre wie manchen anderen Berufen, so beispielsweise den Hochschullehrern ihr heutiges Los zum Teil erspart geblieben bei rechtzeitiger und richtiger Organisation. Vielleicht wäre es dann nicht vorgekommen, daß die deutschen Universitätsgelehrten und -lehrer, nachdem ihre freien Einnahmen (Kolleggelder usw.) praktisch samt der früher meist vorhandenen Vermögensunterlage so gut wie verschwunden sind, zum guten Teil heute in Gehaltsstufen rangieren, die ihnen — die unentbehrlichen Werbungskosten geistiger Arbeit mitgerechnet — eine Produktivität im alten Sinn einfach nicht mehr ermöglichen — von dem geradezu furchtbaren Elend der Privatdozenten ganz zu schweigen. Schon die Aufklärung der öffentlichen Meinung durch eine Organisation hätte, meine ich, das verhindert. Ich unterschätze also die gewerkschaftliche Organisation, ihr vitalnotwendiges Gegebensein auch für die geistigen Kreise in dem Auf und Ab der gegenwärtigen Dinge nicht. Aber man muß sich klar sein: sie ist nach der Natur der geistigen Arbeit für diese, soweit sie in ihrem praktischen Werte nicht meßbar ist, nur ein beschränktes Mittel. Man kann für freie Schriftsteller, Gelehrte, Künstler, Journalisten usw. Mindestsätze in Tarifen statuieren, ein leidliches Lebensniveau für die alltägliche Durchschnittsproduktion zu sichern suchen. Schon das ist schwer, aber es ist durchführbar und lohnt der Mühe. Die eigentliche wertvollste geistige Arbeit aber ist hier etwas gänzlich I n d i v i d u e l l e s. Für sie versagt das alles. Sie ist unmeßbar. Und wie sie, das ist ja der Tenor alles dessen, was ich auszuführen suchte, sich in ihrem W e s e n außerhalb des Ökonomischen bewegt, so ist sie auch nicht durch die Regeln des regulären ökonomischen Kampfes zu sichern und wird sich nicht nach ihnen richten. Ein Autor wird ein Buch, eine Broschüre, einen Artikel, wenn er ihre Publikation überhaupt für richtig hält, selbst unter Verlusten, ja, vermag er es ökonomisch, mit Zuzahlung an den Mann zu bringen suchen, selbst wenn er dabei hungert. Er wird alle Schranken brechen, „Streikbrecher" werden, auch gegen Mauern von Tarifen. Ebenso ein Künstler, der sein Bild, seine Schöpfung, ist er davon erfüllt, hergeben wird, ganz ohne Rücksicht darauf, wie sie etwa eine für Kunstsalons gedachte Tarifierung einschätzt. Mit Recht; denn Tarifierung ist nicht und kann nicht sein eine Kette, die den Schaffenden von dem Quell, aus dem er neu trinken kann, seinem Publikum absperrt. Soll ein Verleger ein Buch, das sich an einen beschränkten, aber vielleicht sehr hochstehenden Abnehmerkreis wendet und das einen Druckkostenzuschuß fordert, ungedruckt lassen, ein Autor nicht alles tun, um ihm zu helfen, wie auch immer, trotz aller Tarifierung? Hier müssen andere Mittel der Existenzunterlage her als der gewerkschaftliche Kampf und Mindesthonorare. Es liegt in der Natur des Geistigen selber, daß das so ist. — Ja, selbst wo Mindesthonorare, Tarifierung und gewerkschaftlicher Kampf möglich sind, weil die Entlohnungen und das Gesamtverhältnis zunächst einmal auf einigermaßen abschätzbare Durchschnittsleistung eingestellt sind, hemmt diese außer- und überökonomische Natur der geistigen Arbeit die volle Auswirkung des Gewerkschaftlichen und setzt ihm Schranken. Wenn jener „Bruch" in der Gehaltserhöhung bei der Valutaentwertung, wie ich sagte, gerade an der Stufe der höheren Beamten eingetreten ist, also genau wo die eigentliche geistige Arbeit einsetzt, und wenn das der Fall ist, trotzdem der Besoldungsaufwand für diese Schichten der höheren Beamten heute nur — vgl. die Nachweisungen im Anhang — 3,6 % des gesamten staatlichen Besoldungsaufwandes ausmacht, eine angemessene Erhöhung also gerade hier ohne wesentliche Zusatzbelastung der Finanzen möglich gewesen wäre, so liegt das nicht an einem schlechten Arbeiten der Organisationen. Diese Organisationen haben im allgemeinen gewerkschaftlich nicht versagt. Es liegt vielmehr daran, daß die in diesen Organisationen vertretenen Schichten nicht gewillt sind, die letzten ökonomischen und sozialen Mittel für die Entlohnung ihrer Arbeit anzuwenden. Sie sind bereit, selbst unter Aufopferung des sozialen Ranges, der persönlichen Bequemlichkeit und der Zukunft ihrer Kinder ihre Arbeit als Dienst am Allgemeinen auszuführen. Die ökonomische Inkommensurabilität und also die ökonomische Kampfschwäche des Geistigen, das sie vertreten, schafft das. Und daher können auch nicht gewerkschaftliche Mittel, nicht einmal für die Durchschnittsarbeit, der geistigen Leistung, die nach ihrem Wesen nun einmal im überökonomischen

Allgemeinen lebt und sich ihm unterordnet, zum Glück das tut, nicht sie können dieser Leistung das voll herbeiführen, was für sie nötig ist, die ökonomische Unterlage. Das vermag voll nur etwas anderes, auf dessen Bedeutung wir in allem weiteren stets wieder zurückzukommen haben werden, die in anderer Weise geistig herbeigeführte Willigkeit des Lebens das Geistige zu tragen und zu erhalten, mit anderen Worten die Beeinflussung der Qualität des öffentlichen Geistes.

Diese Beeinflussung ist vollends das Entscheidende für das Zweite, die Erhaltung der freien sowohl wie der öffentlich unterhaltenen Organe der geistigen Arbeit. Deren Lebensfähigkeit und Unversehrtheit ist für die geistigen Arbeiter der Zukunft, die bloßen Arbeitsintellektuellen, gegenüber früher geradezu verzehnfacht; denn sie können nichts oder wenig aus Eigenem für ihre Verbindung mit dem Allgemeinen, weder für die Heranziehung der geistigen Substanz, noch für deren Ausstrahlung von sich her leisten. Ich habe früher angedeutet, was heute auf diesem Gebiete vor sich geht. Ich wiederhole nichts davon. Abstellbar aber ist der Verfall, und anpaßbar an die neuen Bedürfnisse sind hier die Dinge gleichfalls nur durch eine völlige Umstellung des öffentlichen Geistes, der einsieht, um was es sich hier handelt. Man gebe nicht vor, das Problem erkannt zu haben und daß heute das Nötige geschehe. Wie könnte man dann heute noch in Deutschland einen Holzfiskalismus der Einzelstaaten — und es besteht ein solcher — zulassen, der für wahrhaftig im allgemeinen verhältnismäßig geringe Finanzeinnahmen die Holzpreise in die Höhe treibt, durch sie die Papierpreise steigert und so den oben angedeuteten unabsehbaren Schaden des Eingehens von monatlich Hunderten von Zeitungen beschleunigt, in einer Zeit, in der die Zeitungen, die beinahe einzigen, jedermann zugänglichen Organe der Geistigen, des Politischen und des Allgemeinen, in unserem Leben geblieben sind?[1]) Und wie wäre der erwähnte Rückgang der

---

[1]) Ich kenne die inzwischen getroffenen Hilfsmaßnahmen; nur erscheinen sie gegenüber dem Grundverhalten gänzlich unzulänglich.

allgemeinen Leistung an Kulturausgaben von 3,6 auf 1 % denkbar trotz aller Not, wenn nicht als Symptom dafür, daß ebenso wie die Gehaltsregulierung der geistigen Arbeiter, so auch die Stipendiierung ihrer Allgemeinorgane nur im Rahmen einer anderen öffentlichen Geistigkeit möglich ist, als wir sie heute haben? Dazu gleich mehr.

Vorher das Dritte. Angenommen, das Niveau des öffentlichen Geistes sei so zu heben, daß das Nötige für die öffentlichen geistigen Organe fortan geschieht; es gelingt, die freien Organe irgendwie zu retten; es glückt, durch Beeinflussung der Öffentlichkeit den beamtet eingegliederten Teil der eigentlichen Geistesarbeiter so zu entlohnen, daß er nicht verkümmert — so bleiben doch zwei Fragen: es verbleibt die Frage des Gehaltsschicksals der freien geistigen Berufe, die nicht beamtet sind, deren Entlohnung nicht durch einen Druck auf öffentliche Organe regulierbar, vielmehr das Resultat einer unfreien, ganz brutalen Marktlage für geistige Dinge ist, die, wie wir sahen, durch gemeinsame Selbsthilfe im gewöhnlich gemeinten sozialen Sinne nur im letzten Untermaß zum Teil zu stützen ist. Und es bleibt weiter die Frage nach der Freiheitsbasis, die diese und alle anderen geistigen Arbeiter an Stelle des weggefallenen Vermögenshintergrundes gegen geistige Versklavung durch Abnehmer, durch Beruf und Stellung künftig haben sollen.

Ich kann mich für diesen schwierigsten, undurchsichtigen und vielleicht entscheidendsten Teil des Gegenstandes, wo alle nach gewöhnlicher Übung sonst verschreibbaren Rezepte, Staatshilfe, gemeinsame Selbsthilfe und dergleichen fruchtlos werden und lediglich das ganz persönliche Verhalten und Gestalten eines neuen Menschentypus helfen kann, nur an die junge Generation und ihr eigenes Wollen und Handeln wenden; und auch dies nur mit einer Frage, ohne daß ich, der ich noch auf ganz anderem, viel bequemerem Boden aufgewachsen bin, das Recht habe, hier irgendwelche Postulate aufzustellen. Mir scheint, daß diese Generation, welche die volle Schwere der heutigen Umwälzung zu tragen hat, wenn ich sie richtig verstehe, fühlt und auch danach schon handelt, daß sie als Arbeitsintellektuelle zur Lösung der beiden genannten Fragen, zur möglichsten Loslösung von der Marktlage im Geistigen und zur Sicherung ihrer Freiheit gewissermaßen eine neue Basis nötig hat, eine **doppelte**, die Ausbildung für freie geistige Zwecke **und** gleichzeitig noch praktisch verwertbare Kenntnisse. Setzt sich das durch und wäre es möglich, so hätte man die Rettung. Ich glaube nicht, daß beides dann, soll eine geistig wirksame Existenz darauf begründet werden, weit auseinander liegen darf, wie bei dem als Typus einer generellen Lösung vorher abgelehnten „Werkstudententum". Auf beiden Linien muß im späteren Leben je nach den Umständen wechselweise und changierend fortgegangen werden können. Sie müssen nach Kenntnissen und Ausübung verwandt sein. Ich stelle mir daher, wenn ich mir ein Bild des Zukunftstypus zu machen suche, der dieser schwierigsten Probleme vielleicht Herr wird, als kommend z. B. einen Künstlertypus vor, der gleichzeitig eine Handwerksbasis hat, auf die er sich als wirtschaftlichen Hintergrund zurückziehen kann; einen Gelehrten, Schriftsteller usw., der sachlich so vorgeschult, formal so durchgebildet, daß er sein Wissen und Können auch wirtschaftlich mobilisieren, es auch, wenn jeweils nötig, in einen praktischen Wert ausmünzen kann. Je nach der Sparte des Geistigen, die er vertritt, wird er, so denke ich, sei es als praktischer Volkswirt, sei es als Lehrer, als Anwalt oder Arzt, aus seiner rein geistigen Produktivität, wenn sie ihn nicht mehr trägt oder wenn er in ihr mit Unfreiheit bedroht ist, in einen anonymen, praktisch verwertbaren Zweckberuf jeweils zurücktreten, der ihm auf diese Art die ökonomische und die geistige Freiheit sichert. Dieselbe Freiheitsbasis würde ich auch für jeden höheren Beamten, ja für jeden Journalisten wünschen, ebenso wie sie ja schon heute unbedingt für jeden Berufspolitiker verlangt werden muß, wenn dieser nicht ein gemeiner Stellenkleber und Sklave seines Parteimechanismus werden soll.

Ich weiß sehr wohl, welche Fülle von Problemen in dieser allgemeinen Vorstellung liegt, dem Postulat also: **keine freie** geistige Arbeit außer in Kombination mit einem praktischen Wissen, welche Unsumme von Erziehungsproblematik, welche Anforderungen an Beweglichkeit, Elastizität und gesteigerter Leistungsfähigkeit der ganzen kommenden Generation, die das vielleicht verwirklicht. Ich selber würde mir schwer zutrauen, vielleicht auch nur das unentbehrliche Minimum, das hier gefordert wird, heute noch zu leisten. Ich habe trotzdem zu der neuen Generation das Zutrauen, daß sie es leisten wird und daß etwas Ähnliches kommen kann. Und ich glaube, was kommt, wird etwas anderes sein als die nach ökonomischer Verschwisterung sich sehnende Haltung der aus ihrer früheren Sicherheit herausgeschleuderten und heute noch fortbestehenden Rentenintellektuellen der Siegerländer, z. B. Frankreichs, diese Haltung, von der ich früher gesprochen habe. Trotz äußerer Ähnlichkeit etwas anderes, weil in diesem Falle die Verbindung mit dem Praktischen aus dem Wunsch nach Freiheit und Selbständigkeit, nach Unabhängigkeit gerade gegenüber den heute beinahe alles beherrschenden Wirtschaftsmächten getragen und von diesem Wunsch immer wieder neu genährt wird, die Eingliederung in das Ökonomische nur als Rückendeckung gesucht wird. Die Lebensnähe zum praktisch Wirklichen, die sich ergibt, die übrigens, man denke an die Schwächen des Rentenintellektuellentums, auch geistig durchaus nützlich sein kann, steht hier nicht, wie bei jener neufranzösischen Einstellung, unter dem Wertprimat des Ökonomischen, sondern, gerade umgekehrt, unter dem des Geistigen. Gelingt sie so, so ist unzweifelhaft ein Positivum in unser Leben eingefügt.

Aber, wenn ich zu dem Typus, der auf diese Weise sich und das Geistige zu retten sucht, und den ich mir unmittelbar aus den früher angedeuteten Schichten eines neuen, gleichfalls ganz arbeitseingestellten Bildungspublikums herauswachsend und mit ihm erstlich verbunden denke, noch etwas anknüpfend an die früheren Resultate sagen darf, so wäre es dies: Es ist, wie wir sahen, nicht nur eine Frage des Erkennens, sondern des Wollens, und zwar nicht nur des individuellen, sondern des allgemeinen

Wollens, ob über die Herausbildung dieses neuen Menschentyps hinaus überhaupt das Allgemein-Notwendige für die Rettung des Geistigen geschieht, das Nötige für die Erhaltung seiner Organe und allgemeinen Institute, das Würdige und Angemessene für die Bezahlung seiner von der Allgemeinheit angestellten Teile. Es ist eine Frage des Geistes der Allgemeinheit. Der öffentliche Geist aber, von dem das abhängt, ist nicht ein Gespenst. Er ist etwas Greifbares, zu Gestaltendes. Er sitzt zur Zeit nicht mehr in den Amtsstuben, in denen ihn der Verein für Sozialpolitik vor nunmehr 50 Jahren aufsuchen mußte, um auf ihn zu wirken. Er ist heute verkörpert in der Publizistik, der Presse, vor allem den Parteien. Er lebt in den Organen des heutigen demokratischen Staates. Auf sie gilt es zu wirken, in sie hineinzugehen, in ihnen Einfluß und, soweit möglich, Herrschaft zu gewinnen. Und darum muß trotz allen nur zu begreiflichen Widerwillens gegen viele Seiten von Gestalt und Spiel der heutigen Publizistik, der heutigen Politik, der heutigen politischen Parteien gesagt werden: hinein in sie und hinaus auf die politischen Schanzen! Nur dort kann das erkämpft werden, worum es an Allgemeinem auch für das Geistige geht, und nur dort der Staat dafür beeinflußt werden. Hier liegt die höchste allgemeine Aufgabe der jüngeren Generation, die über die individuelle Selbstgestaltung hinausgeht. Es ist Gefahr vorhanden, daß sie aus Ekel vor der Kümmerlichkeit und Bedrücktheit des derzeitigen politischen Lebens, der Armut an Männern und Ideen, der Schwierigkeit, sich durchzusetzen, aus dem Gefühl der Stagnation und Versklavtheit gerade hier versagt. Sie würde damit im allgemeinen Leben das im Stiche lassen, was sie in ihrem individuellen zu retten sucht, und was vielleicht nur sie noch retten kann, indem sie in das öffentliche Leben eintritt.

Dem Staate aber, und vor allem dem heute so schwer um sein Dasein ringenden, wird dabei zu sagen sein, daß dieses Dasein sicherlich einmal von ihm verspielt sein wird, wenn er dem Kampf um den Primat des Geistigen über das Ökonomische weiter mit der halben Lauheit von heute zuschaut. Was hier gekämpft wird, ist in Wahrheit der Kampf um seine eigene Existenz. Zerfällt der geistige Hintergrund der Allgemeinheit, so wird auch er zerfallen und die Beute der miteinander ringenden Wirtschaftskräfte werden, über denen dann keine Macht mehr da ist, die er anrufen kann, um sie zu bändigen. Er wird mit dem Geistigen und den geistigen Arbeiten und ihrer Stellung in der Allgemeinheit leben oder sterben.

Die Wirtschaftskräfte endlich? Auch ihr Funktionieren ist, wenn sie sich nicht letztlich selber durch ihre Interessengegensätze auffressen und zerstören wollen, nur in einem über ihnen stehenden geistigen Rahmen, eben dem eines von anderen als bloß ökonomischen Kräften getragenen Staats gesichert. Sind sie klug, so helfen auch sie der neuen geistigen Generation und mit ihr dem Staat. Sie dürfen das freilich nur so tun, daß sie dabei die Grundbedingung alles Geistigen respektieren, seine Freiheit. Die Kritik an ihnen selber, die sie dabei in Kauf nehmen, ist in Wirklichkeit auch ihnen selbst nur nützlich. Sie ist letztlich nichts anderes als eine Reinigung der Atmosphäre, im Effekt im wesentlichen das Überführen von Vorgängen, die sich sonst turbulent vollziehen müßten, in ruhige Bahnen.

Primat des Geistigen über das Ökonomische, Rettung des heutigen Staates, Sanierung und richtige Eingliederung des Wirtschaftlichen und Herausbildung eines neuen Typs der Bildungsträger, das alles sind demnach nur verschiedene Seiten einer und derselben Frage. Indem wir aus der Not der geistigen Arbeiter von heute einen Ausweg suchen, handelt es sich in Wahrheit um einen Ausweg aus der Not des Geistigen selber, die heute unsere eigentliche und tiefste Krankheit ist.

Anlage 1.

Tatsachen zur Gehaltsregelung der höheren Beamten[1].

1. Das tatsächliche Einkommen der höheren Beamten.

Nach der ab 1. April 1922 gültigen Besoldungsregelung beträgt das durchschnittliche Jahresgehalt eines verheirateten Beamten mit zwei Kindern in Berlin nach Abzug der Einkommensteuer:

in Gruppe X. Regierungsräte . . . . 65 026 M.
„ „ XI. Regierungsräte . . . . 70 228 „
„ „ XII. Oberregierungsräte . . . . . . 81 085 „
„ „ XIII. Ministerialräte . . . . 96 745 „
„ „ B 3. Ministerialdirektoren . . . . . 131 780 „

Bei einer 30 fachen Preissteigerung der zum Lebensunterhalt notwendigen Bedarfsgüter (ein Steigerungssatz, der zur Zeit hinter der Wirklichkeit schon weit zurückbleibt) entspricht dieses Papiermarkeinkommen einem Realeinkommen (Friedenseinkommen):

in Gruppe X von . . . . 2168 M.
„ „ XI „ . . . . 2341 „
„ „ XII „ . . . . 2703 „
„ „ XIII „ . . . . 3225 „
„ „ B 3 „ . . . . 4393 „

---

[1] Bearbeitet Anfang 1922 von Mitgliedern der Vereinigung der höheren Beamten des Statistischen Reichsamts. Mit deren Einverständnis hier teilweise publiziert. Eine spätere Zusammenstellung war nicht zu erhalten. Die absoluten Ziffern der Zusammenstellung sind natürlich heute sämtlich längst überholt; die relativen aber, auf die es ankommt, haben sich seitdem kaum geändert.

Im Jahre 1913 betrug das entsprechende durchschnittliche Jahreseinkommen:

in Gruppe X . . . . 6108 M.
„ „ XI . . . . 6916 „
„ „ XII . . . . 7736 „
„ „ XIII . . . . 10960 „
„ „ B 3 . . . . 16520 „

Mithin beziehen zurzeit die höheren Beamten:

in Gruppe X nur 35 v. H. des Jahreseinkommens
„ „ XI „ 34 „ „ „ „
„ „ XII „ 35 „ „ „ „
„ „ XIII „ 29 „ „ „ „
„ „ B 3 „ 27 „ „ „ „

Für den ledigen Beamten ergeben sich noch größere Rückgänge. Sein Gehalt beträgt in Gruppe X nur 31 v. H. des Friedenseinkommens, in B 3 nur 25 v. H. des Friedenseinkommens.

Der höhere Beamte hat demnach heute[1]) **durchschnittlich nur noch ein Drittel bis ein Viertel seines Vorkriegseinkommens.** Mit anderen Worten, er hat seine Lebenshaltung bis um 75 v. H. herabdrücken müssen. So kommt es, daß heute z. B. ein Ministerialrat noch nicht einmal das Gehalt eines Bureauassistenten oder Postassistenten vor dem Kriege erhält. Diese Einbuße von 65 bis 75 v. H. des Friedenseinkommens ist um so drückender, als bekanntlich der höhere Beamte schon vor dem Kriege sehr gering bezahlt war. Dazu kommt, daß dem höheren Beamten heute weniger als früher Einkommen aus Vermögen zur Verfügung steht. Der Beamte hatte im allgemeinen sein Vermögen in festverzinslichen Staatspapieren (Kriegsanleihe) oder sonst mündelsicher angelegt. Diese Kapitalien sind durch die Geldentwertung zu einem Nichts zusammengeschrumpft.

---

[1]) D. h. April 1922 — zur Zeit, Dezember 1922, hat er sicher **weniger**.
(Der Herausgeber.)

Durchschnittliche Jahresgehälter der verheirateten[1]) Reichsbeamten 1913 und ab 1. April 1922 in Ortsklasse A (Berlin) nach Abzug der Steuern.

Gruppe	Nominaleinkommen			Realeinkommen		
	1913 M.	1922 M.	Steigerung 1913—1922 (1913=100)	1922 M.	in v. H. des Friedenseinkommens für	
					Verheiratete	Ledige
1	2	3	4	5	6	7
A II	1 638	40 417	2467	1347	82	61
A III	1 738	43 401	2497	1447	83	64
A IV	1 928	44 863	2327	1495	78	60
A V	2 478	47 262	1907	1575	64	50
A VI	3 380	49 309	1459	1644	49	39
A VII	3 600	52 327	1430	1744	48	39
A VIII	4 216	55 089	1307	1836	44	36
A IX	4 642	60 348	1300	2012	43	37
A X	6 108	65 026	1065	2168	35	31
A XI	6 916	70 228	1015	2341	34	30
A XII	7 736	81 095	1048	2703	35	31
A XIII	10 960	96 745	883	3225	29	27
B 3	16 520	131 780	798	4393	27	25

2. Das Einkommen der höheren Beamten im Vergleich zu dem der übrigen Beamten und Arbeiter.

Der Rückgang der Einkommen bei den höheren Beamten findet sich auch nicht annähernd in gleich starkem Grade bei den übrigen Beamten und Arbeitern der Behörden und Staatsbetriebe.

a) Das Gehalt der Beamtengruppen II bis IX.

Das Realeinkommen (Friedenseinkommen) beträgt in
Gruppe II . . . 1347 M. oder 82 v. H. des Friedenseinkommens
„ IV . . . 1495 „ „ 78 „ „ „ „
„ VII . . . 1744 „ „ 48 „ „ „ „
„ XI . . . 2012 „ „ 43 „ „ „ „

[1]) Mit zwei Kindern von 6 bis 14 Jahren.

Wenn also auch in diesen Gruppen das volle Friedensgehalt nicht aufrecht erhalten ist, so bleibt doch die Gehaltssteigerung nicht entfernt so weit wie bei den höheren Beamten hinter der Verteuerung der Lebenshaltung zurück. Dies verdeutlicht folgende graphische Darstellung:

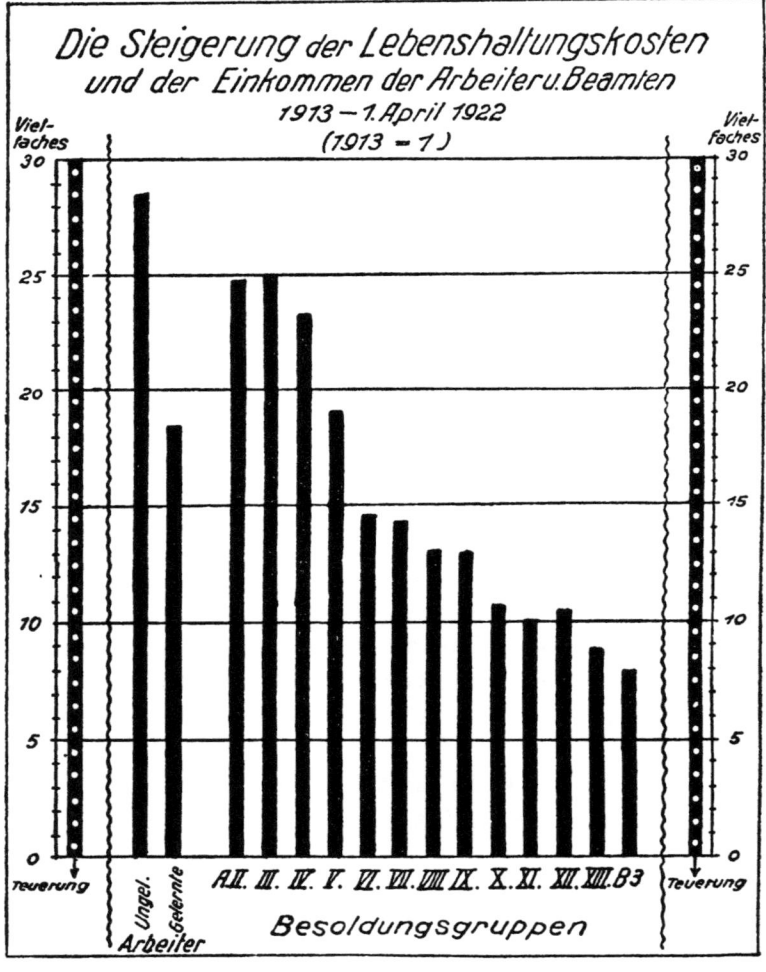

b) Das Einkommen der Arbeiter in Reichsbetrieben.

Für die Arbeiter (verheiratet, mit zwei Kindern, in Berlin in Reichsbetrieben) sind die Jahreslohnsummen (abzüglich Steuern) zurzeit folgende:

für gelernte Arbeiter 40 608 Papiermark = Realeinkommen 1 354 M.
„ ungelernte „ 38 474 „ = „ 1 282 „

Der Friedenslohn betrug für den gelernten Arbeiter 2212 M.
„ „ ungelernten „ 1349 „

Gegenüber der Vorkriegszeit hat also der gelernte Arbeiter zurzeit 38,8 v. H. weniger, der ungelernte Arbeiter in Reichsbetrieben 4,9 v. H. weniger.

c) Die Gehalts- und Lohnstaffelung.

Die unterschiedliche Entwicklung in den Gehältern und Löhnen der einzelnen Beamten und Arbeitergruppen hat eine Nivellierung geschaffen, die weit über das Erträgliche und auch ganz objektiv Zulässige hinausgeht. Welche Angleichung der Löhne und Gehälter seit 1913 stattgefunden hat, zeigt die folgende graphische Darstellung (siehe S. 46), in der die nivellierende Wirkung der Einkommensteuer noch gar nicht berücksichtigt ist.

Der höhere Beamte, der 1913 das 7fache des Lohnes eines ungelernten Arbeiters bezog, hat heute nur das 2fache, nach Abzug der Einkommensteuer sogar nur das 1,8fache.

3. Das Unrecht der Nivellierung.

Berechnet man für einen höheren Beamten, einen mittleren Beamten und für einen gelernten und einen ungelernten Arbeiter das gesamte Lebenseinkommen, so ergeben sich (bezogen auf das 14. Lebensjahr, als das erste Verdienstjahr eines Arbeiters [1]) folgende Summen:

---

[1] Bei der Berechnung des Lebenseinkommens ist angenommen für den höheren Beamten ein Heiratsalter von 32 Jahren und Kinderzuschläge für zwei Kinder während 21 Jahren, für den mittleren Beamten ein Heiratsalter von 26 Jahren und Kinderzuschläge für zwei Kinder während 18 Jahren, für den gelernten Arbeiter und ungelernten Arbeiter

Es beträgt das Lebenseinkommen (diskontiert) für
einen höheren Beamten . . . . 618184 M.
  „   mittleren Beamten . . . . 652737 „
  „   gelernten Arbeiter . . . . 596485 „
  „   ungelernten Arbeiter . . . . . . 609870 „

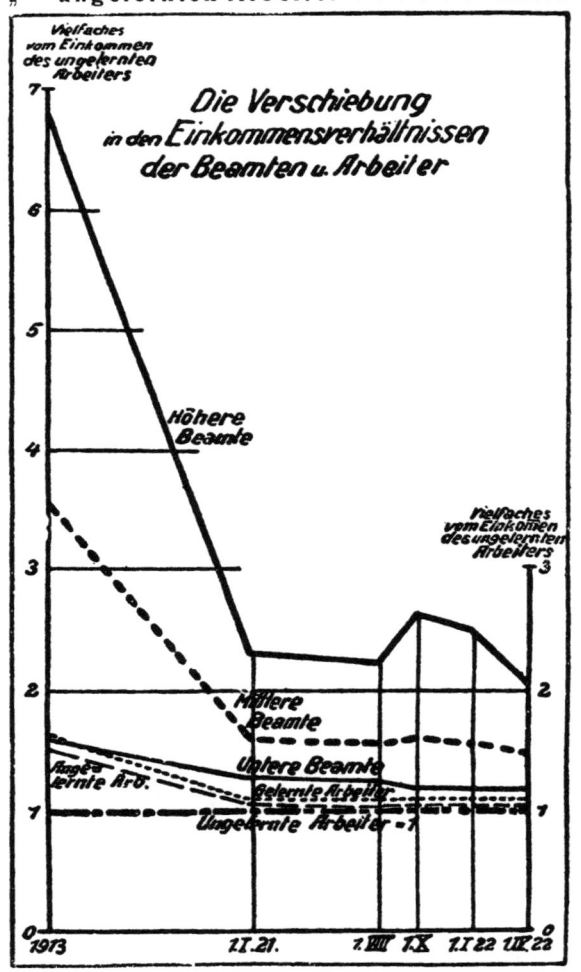

ein Heiratsalter von 23 Jahren und Kinderzuschläge für zwei Kinder während 14 Jahren. Als Diskontsatz sind 5 v. H. angenommen. Alle Jahressummen sind auf das 14. Lebensjahr zurückdiskontiert.

Das bedeutet, daß tatsächlich der mittlere Beamte im Laufe seines Lebens mehr Einkommen bezieht als der höhere Beamte; ferner, daß der ungelernte Arbeiter mehr Lohn empfängt als der gelernte Arbeiter, und schließlich, daß der höhere Beamte nur 1,35 v. H. mehr Gehalt empfängt als der ungelernte Arbeiter Lohn.

In jeder Gruppe wird demnach die qualifizierte Arbeit schlechter bezahlt als die einfachere Arbeit. Die augenblickliche Bezahlung der höheren Beamten trägt ihrer höheren Leistung und Verantwortung in keiner Weise Rechnung. **Sie gibt trotz der höheren Jahresgehälter noch nicht einmal einen vollen Ersatz für den in der langen Ausbildungszeit entgangenen Verdienst.**

Völlig unberücksichtigt sind bei der jetzigen Bezahlung der höheren Beamten:

a) die höheren Leistungen,
b) die teuere Vorbildung im Interesse des Staates,
c) der höhere Bedarf für Kleidung, Kindererziehung, Kinderausbildung, Dienstboten, Weiterbildung, Kulturaufgaben usw.,
d) die Unmöglichkeit von Nebenverdiensten (Verbot), Nichtbezahlung von Überarbeit im Gegensatz zur höheren Bezahlung von Überstunden bei Arbeitern und Angestellten,
e) die praktisch tatsächlich großen finanziellen Anforderungen, die sich aus der gesellschaftlichen Stellung eines höheren Beamten an sich ergeben, z. B. hinsichtlich der Ausgaben für Arzt, Zahnarzt, Schulgeld, Fahrgeld usw.

Weiter aber ist nicht berücksichtigt, daß die Erhaltung eines leistungsfähigen und arbeitsfreudigen höheren Beamtentums im ureigensten Interesse des Staates gelegen ist. Ein tüchtiges höheres Beamtentum ist für das Gangwerk des gesamten Beamtenapparates Vorbedingung. Ohne tüchtige Führer stehen ganze Abteilungen still, entsteht Leerlauf ganzer Bureaus. Auch die private Wirtschaft leidet unter einem schlecht funktionierenden Behördenapparat. Tüchtigkeit und Arbeitsfreudigkeit des höheren Beamten wird aber nicht erhalten, wenn er nicht bloß schlechter bezahlt wird als der mittlere Beamte, sondern auch zusehen muß, wie seinesgleichen in der privaten Wirtschaft ganz wesentlich höheres Einkommen bezieht.

Im Frieden betrug das auf das 14. Lebensaltersjahr zurückdiskontierte Lebenseinkommen

eines höheren Beamten	54 549 M.
„ mittleren Beamten	40 365 „
„ gelernten Arbeiters	28 380 „
„ ungelernten Arbeiters	19 492 „

d. h. der höhere Beamte bezog 35 v. H. mehr als der mittlere Beamte und 180 v. H. mehr als der ungelernte Arbeiter. Der gelernte Arbeiter bezog 46 v. H. mehr als der ungelernte Arbeiter. Bei dieser Lohn- und Gehaltsregelung war sowohl dem Prinzip der höheren Leistung als auch dem der höheren Ausbildungskosten Rechnung getragen. Diese Relationen müssen wieder hergestellt werden.

4. Besoldungspolitik und Reichsfinanzen.

Gegen eine genügende Aufbesserung der Bezüge der höheren Beamten wird meist geltend gemacht, daß daraus dem Reich zu hohe Kosten erwachsen würden. Dieser Einwand hat keine Berechtigung; denn der Anteil der höheren Beamten an dem gesamten Besoldungsaufwand ist so gering, daß er gegenüber dem Bedarf der übrigen Beamten kaum ins Gewicht fällt.

Nach dem Haushaltsplan für 1922 berechnet sich für sämtliche Reichsbeamte ein jährlicher Aufwand von 35 000 Mill. M. Davon entfallen auf die sämtlichen höheren Beamten nur 1233 Mill. M.

Die Besoldung aller höheren Beamten beträgt demnach nur 3,5 v. H. aller Besoldungsausgaben.

Ausschlaggebend für den Besoldungsaufwand des Reiches sind vor allem die Beamten der Besoldungsgruppen III bis VI. Auf diese entfallen rund drei Viertel (74,5 v. H.) der Gesamtausgaben des Reiches für die Beamtenbesoldung. Demgegenüber machen die Gehälter der höheren Beamten

der Gruppe X nur 0,9 v. H. | der Gruppe XIII nur 0,3 v. H.
„ „ XI „ 1,4 „ „ | „ „ B 1—7 „ 0,2 „ „
„ „ XII „ 0,7 „ „ |
des gesamten Besoldungsaufwandes auf.

Die Zahl der höheren Beamten ist eben im Vergleich zur Gesamtzahl der Beamten sehr gering. Verteilt man die Zahl sämtlicher Beamten auf ein Rechteck, wie in der untenstehenden Zeichnung, so nehmen die höheren Beamten nur $1/_{54}$, in der Zeichnung den kleinen, ganz schwarz bemalten Raum ein.

Die Verteilung der Beamten auf die Besoldungsgruppen

I	II	III	IV	V	VI	VII	VIII		
6,5	6,6	23,3	15,0	19,8	16,2	4,3	4,3		

In der auf Seite 50 stehenden Kreisscheibe, die den gesamten Besoldungsaufwand darstellen soll, ist der ebenfalls schwarz gezeichnete Anteil der Besoldungskosten für die höheren Beamten auch verschwindend klein im Vergleich zu den Kosten der übrigen Beamten.

Die Zahl der Beamten und die Besoldungsbeträge für alle einzelnen Klassen zeigt die nachstehende Übersicht:

Besoldungs-gruppe	Zahl der Beamten	Jährlicher Besoldungs-aufwand Mill. M.	Anteil der Gruppen	
			an der Ge-samtzahl der Beamten v. H.	am Gesamt-aufwand v H.
I	55 863	1205	6,5	3,4
II	56 480	1620	6,6	4,6
III	199 632	7651	23,3	21,7
IV	128 352	5063	15,0	14,3
V	169 355	7101	19,8	20,1
VI	139 221	6500	16,2	18,4
VII	37 020	1799	4,3	5,1
VIII	36 461	1977	4,3	5,6
IX	15 910	953	1,9	2,7
X a (mittlere Beamte)	3 162	204	0,4	0,6
X b (höhere Beamte)	4 660	306	0,5	0,9
XI	6 947	504	0,8	1,4
XII	2 910	252	0,3	0,7
XIII	972	106	0,1	0,3
B 1—7	465	66	0,05	0,2
Zusammen	857 410	35 309	100	100

Alfred Weber.

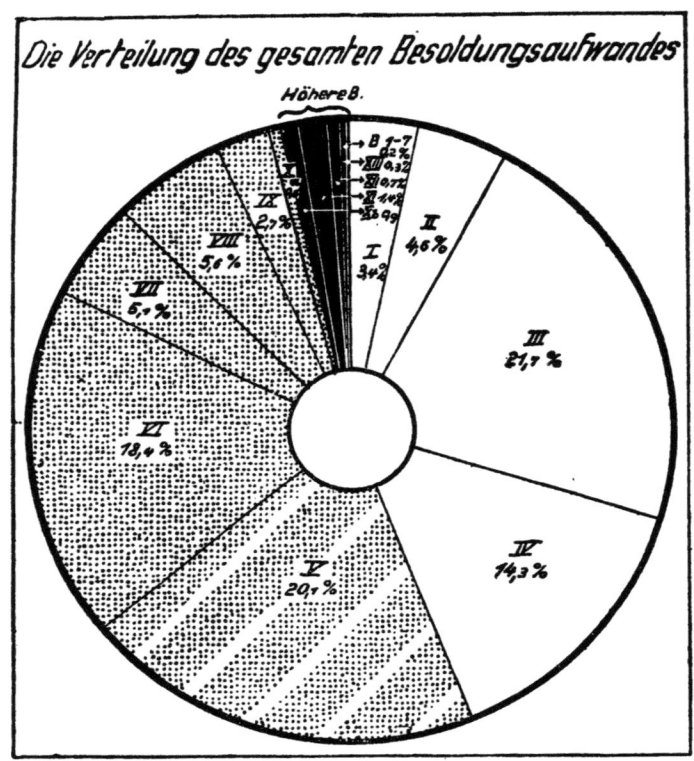

Weder die Regierung noch die Vertreter der übrigen Beamtengruppen können demnach gegen die Forderungen der höheren Beamten auf eine hinreichende Verbesserung ihrer Gehälter finanzielle Rücksichten geltend machen. Tatsächlich betrug auch der gesamte Mehrbedarf des Reiches bei der letzten Besoldungserhöhung:

für die höheren Beamtengruppen nur. . . 2,4 v. H. (218,5 Mill. M.),
dagegen für die mittleren Beamtengruppen 30,5 „ „ (2732,5 „ „),
für die unteren Beamtengruppen. . . . . 67,1 „ „ (6011,2 „ „)
des gesamten Mehraufwandes.

Hätte man bei dieser Besoldungsregelung den höheren Beamten gar keine Erhöhung zugestanden und den auf sie entfallenden Betrag auf die übrigen Beamten verteilt, so hätte dadurch jeder Beamte der Klasse I bis IX jährlich ganze 260 M. mehr erhalten können!

Die unteren und mittleren Beamten können demnach keinerlei Interesse daran haben, gegen die berechtigten Forderungen der höheren Beamten Stellung zu nehmen; denn lediglich aus Neid und Mißgunst eine Verbesserung anderer Beamtenklassen abzulehnen, wird ihnen sicher fernliegen.

Anlage 2.

Ausgaben für kulturelle Zwecke.

1913 (nach den Reichs- bzw. preußischen Einnahmen und Ausgaben).

1. Gesamtausgaben:

   Preußen: ordentlicher Etat .... 4888,7 Mill. M.

   außerordentlicher Etat .... 1410,1 „ „

   Anteil Preußens an den Reichsausgaben (nach der Bevölkerung von 1910) .... 2276,0 „ „

   8574,8 Mill. M.

2. Ausgaben für kulturelle Zwecke (Preußen):

   Geistliche und Unterrichtsverwaltung ...... 299,1 Mill. M.

   Forstverwaltung (Forstakademien usw.) ..... 0,6 „ „

   Berg- usw. Verwaltung (Bergakademien usw.) .. 1,6 „ „

   Archivverwaltung .... 0,7 „ „

   Landwirtschaftliche Verwaltung (landwirtschaftliche Hochschulen usw.) .... 5,6 „

   Anteil Preußens an den Reichsausgaben (Zuschüsse für Institute des In- und Auslandes) ...... 3,2 „ „

   310,8 Mill. M.

3. Anteil der Ausgaben für kulturelle Zwecke an den Gesamtausgaben .... 3,6 v. H.

1922 (nach dem Reichs- bzw. preußischen Haushaltplan).

1. Gesamtausgaben:

   Preußen: ordentlicher Etat .... 18817,6 Mill. M.

   außerordentlicher Etat .... 10313,7 „ „

   Anteil Preußens an den Reichsausgaben[1]) (nach der Bevölkerung von 1919) .... 251541,0 „ „

   280672,3 Mill. M.

   verdreißigfacht.

---

[1]) Die Verpflichtungen aus dem Friedensvertrag, die mit 112 Milliarden in den Haushaltplan eingesetzt sind, sind weggelassen; sie würden den Prozentsatz noch mehr verringern!

2. Ausgabe für kulturelle Zwecke (Preußen):
   Ministerium für Wissenschaft, Kunst und Volks-
   bildung .... 2667,6 Mill. M.
   Forstverwaltung .... 2,0 „ „
   Berg- usw. Verwaltung .... 9,8 „ „
   Landwirtschaftliche Verwaltung .... 36,2 „ „
   Anteil Preußens an den Reichsausgaben .. 101,6 „ „

   2817,2 Mill. M.
   verzehnfacht.

3. Anteil der Ausgaben für kulturelle Zwecke an den
   Gesamtausgaben .... 1,0 v. H.

Anlage 3.

Zusammenstellung der literarischen Neuerscheinungen des Buchhandels in den Jahren 1913 und 1920.

Wissenschaft	1913	1920	Unterschied v. H.
1. Allgemeine Bibliographie, Bibliotheks- und Universitätswesen, Enzyklopädien, Schriften gelehrter Gesellschaften	494	572	+ 13,6
2. Theologie	2 683	2 302	— 14,6
3. Rechts- und Staatswissenschaft, Politik, Statistik	3 358	4 411	+ 31,4
4. Heilwissenschaft, Tierheilkunde	1 972	1 489	— 24,5
5. Naturwissenschaft, Mathematik	1 953	1 345	+ 31,1
6. Philosophie, Theosophie, Geheimwissenschaft, Freimaurerei, Spiritusmus	699	950	+ 35,9
7. Erziehung und Unterricht	5 429	3 149	— 41,9
8. Sprach- und Literaturwissenschaft	2 304	1 726	— 25,9
9. Geschichte, Biographien	1 705	1 303	— 23,6
10. Erdbeschreibung, Karten, Kolonialwesen	1 450	913	— 30,1
11. Kriegswissenschaft	673	220	— 67,3
12. Handel, Gewerbe, Verkehrswesen	2 346	2 075	— 11,6
13. Bau- und Ingenieurwissenschaft, Bergbau	1 217	981	— 19,4
14. Haus-, Land- und Forstwissenschaft	1 066	989	— 7,2
15. Schöne Literatur	5 319	6 647	+ 19,9
16. Jugendschriften, Bilderbücher	[1])	1 451	
17. Kunst, Musik, Theater	1 051	851	— 19,0
18. Studentenwesen, Sport	[2])	199	
19. Adreßbücher, Kalender, Jahrbücher	643	[2])	
20. Verschiedenes	716	772	+ 7,2
	35 078	32 345	

[1]) Unter 7, Erziehung und Unterricht, enthalten.
[2]) Unter 20, Verschiedenes, enthalten.

Printed by Libri Plureos GmbH
in Hamburg, Germany